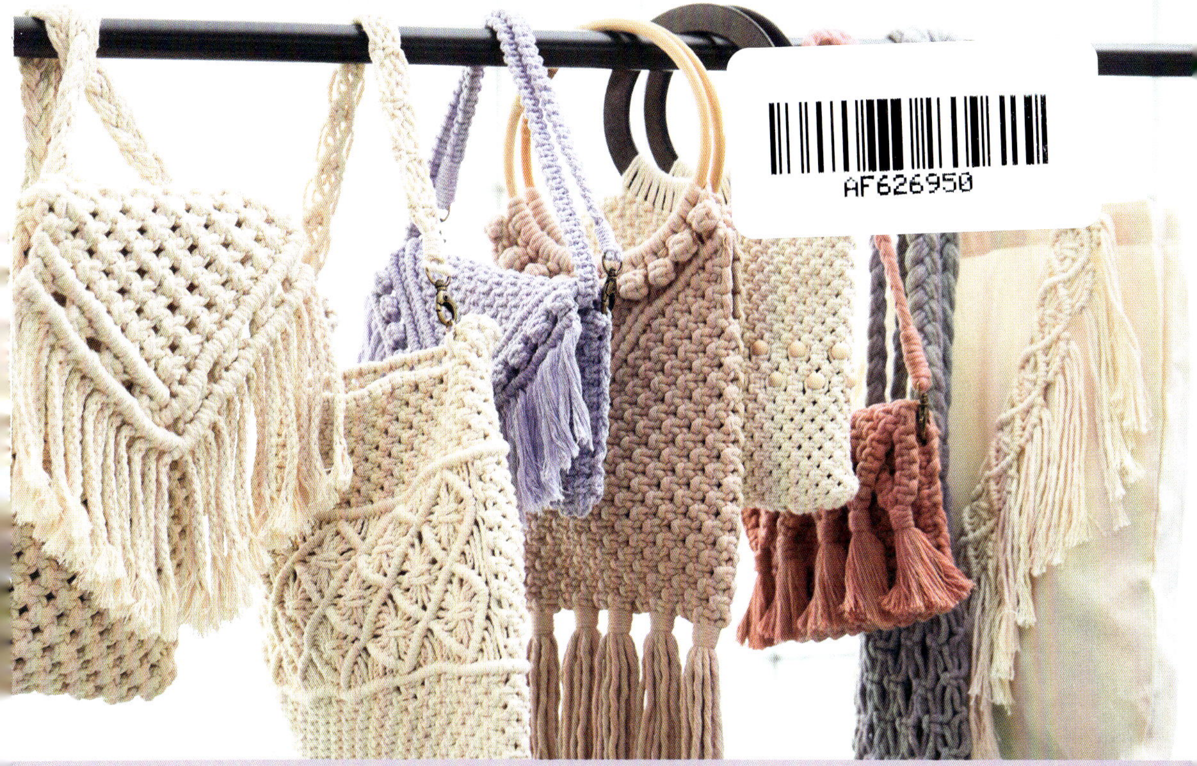

Taschen, Wandbehänge, Blumenampeln, Wohndeko, geknüpfte Accessoires – die Makramee-Kunst ist heutzutage einfach nicht mehr wegzudenken. Wer auf der Suche nach Boho-Feeling und einer gewissen Leichtigkeit ist, findet diese mit großer Wahrscheinlichkeit beim Knüpfen von Makramee-Werken.

Die Makramee-Welt besteht aus einer Vielzahl von Garnen, verschiedensten Knotenmuster und unzähligen Variationen. Dadurch lassen sich im Handumdrehen kleine, aber auch große, außergewöhnliche Kunstwerke kreieren.

Es ist immer wieder verblüffend, wie die Auseinandersetzung mit der eigenen Kreativität zu etwas Meditativem werden kann. Das schönste daran? Du erschaffst mit Deinen Händen eigene Kunstwerke, und ich bin mir sicher, Du wirst es lieben!

Rucksäcke, Umhängetaschen, Jutebeutel und vieles mehr erwarten Dich in diesem Buch. Knüpfe Deine eigene Tasche passend zu Deinem Outfit oder verpasse Deinem alten Rucksack ein neues Upgrade.

Viel Freude beim Knüpfen wünscht Dir

Becky Haslbeck

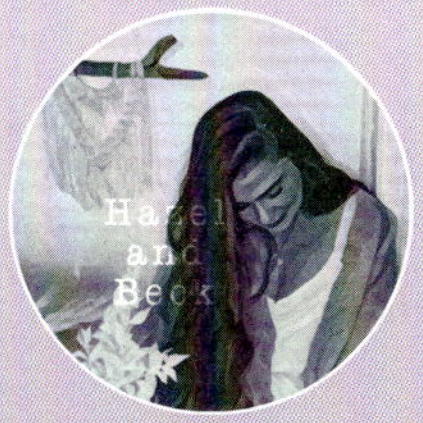

Grundlegende Knoten

Ankerknoten

Mit dem Ankerknoten beginnen fast alle Makramee-Projekte, indem du den Knoten an Objekten wie z. B. Karabiner, Holzstäben oder Baumwollfäden befestigst.

Ankerknoten von vorne geknotet

1 Lege die beiden Enden gleichmäßig aufeinander und führe die entstehende Schlaufe von oben hinter dem Holzstab durch.

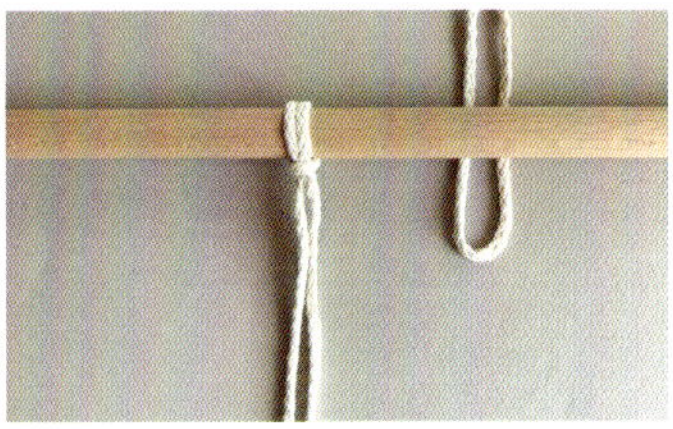

2 Die Fadenenden durch die Schlaufe führen und festziehen.

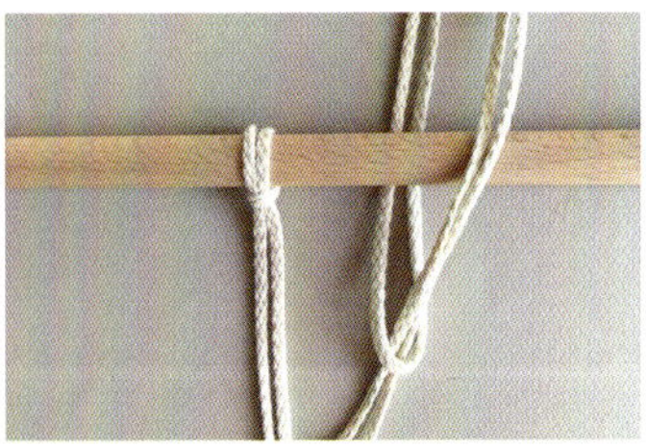

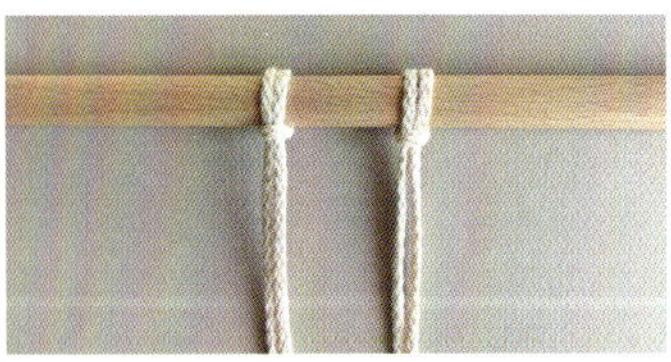

Ankerknoten von hinten geknotet

1 Lege die beiden Enden gleichmäßig aufeinander und führe die entstehende Schlaufe von unten hinter dem Holzstab durch.

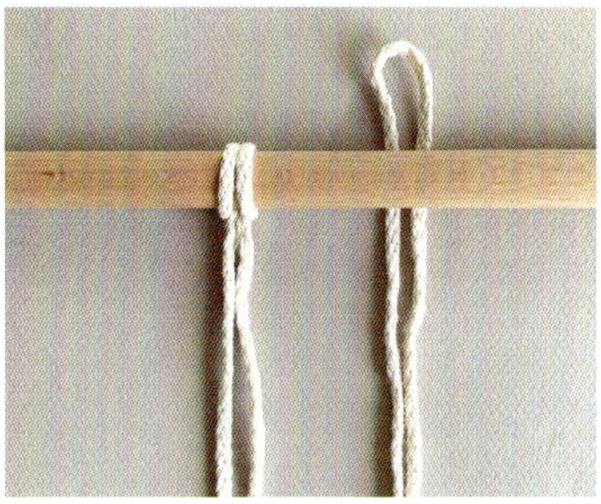

2 Die Fadenenden durch die Schlaufe führen und festziehen.

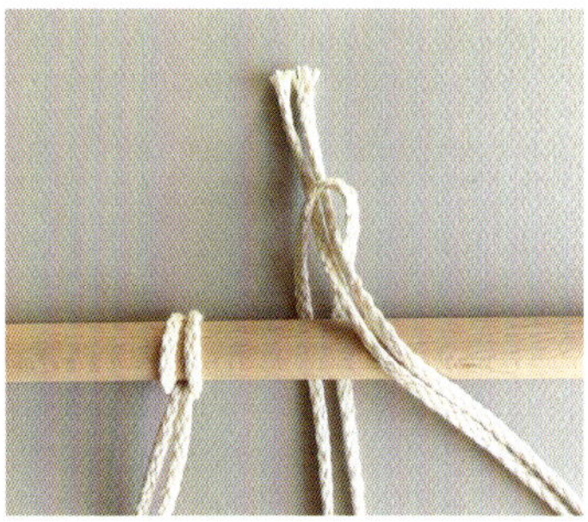

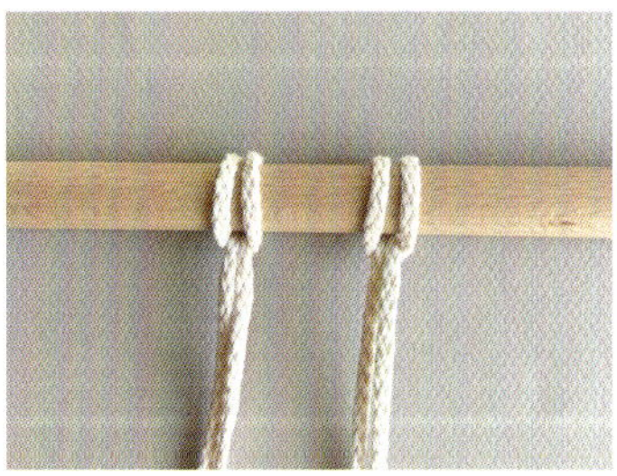

Kreuzknoten

Der Kreuzknoten ist einer der gängigsten und wichtigsten Knoten beim Knüpfen von Makramee. Üblicherweise wird er aus 4 Fäden geknotet. Die beiden mittleren Fäden sind dabei die Trägerfäden, um die herumgeknotet wird. Als Arbeitsfaden werden die beiden äußeren Stränge um die Mitte geknotet.

1 Lege den linken Faden mit 1 Schlaufe unter die Trägerfäden.

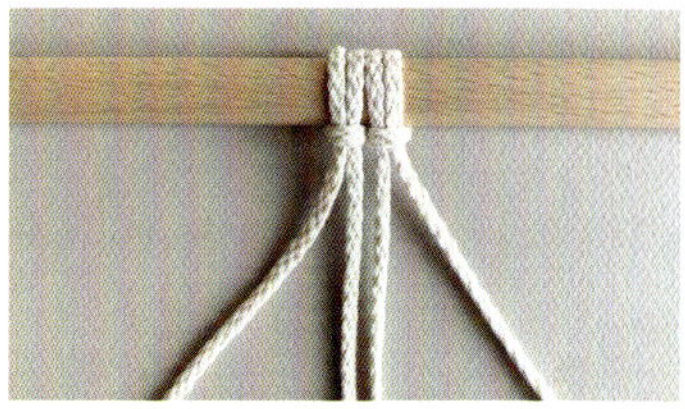

2 Den rechten Faden legst du mit 1 Schlaufe über die Trägerfäden. Ziehe dabei den Faden von oben nach unten durch die linke Schlaufe.

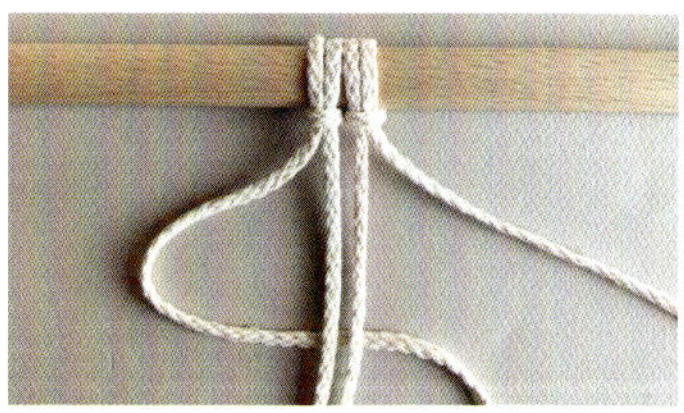

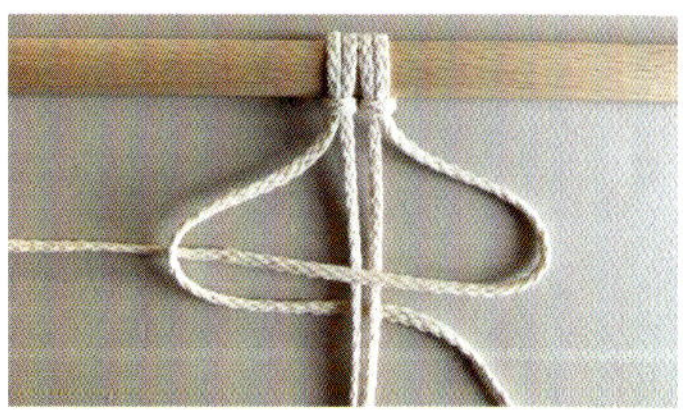

3 Der linke von unten durchgeführte Faden wird nun nach oben durch die rechte Schlaufe gezogen.

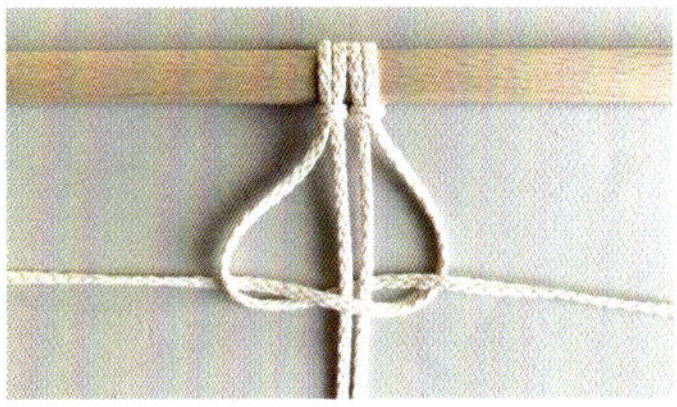

4 Ziehe die beiden Arbeitsfäden gleichzeitig fest und schiebe den Knoten nach oben.

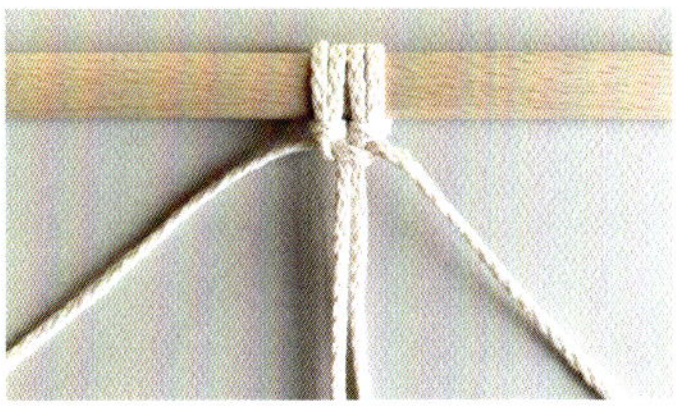

5 Im nächsten Schritt drehst du den Spieß um. Nun bildest du mit dem rechten Arbeitsfaden 1 Schlaufe und führst diesen unter dem Trägerfaden durch.

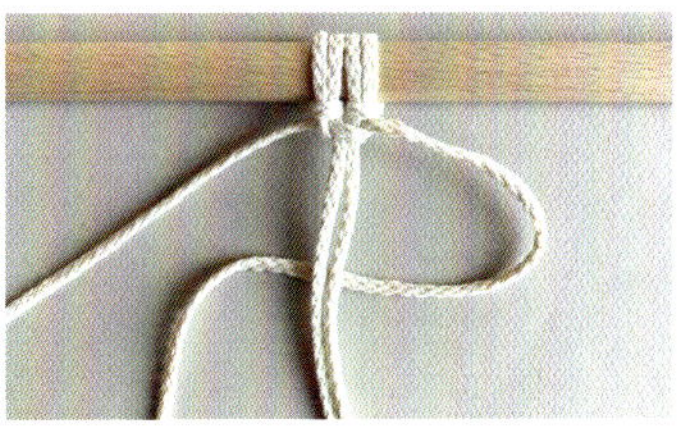

6 Führe den linken Faden über die beiden mittleren und ziehe ihn durch die rechte Schlaufe durch.

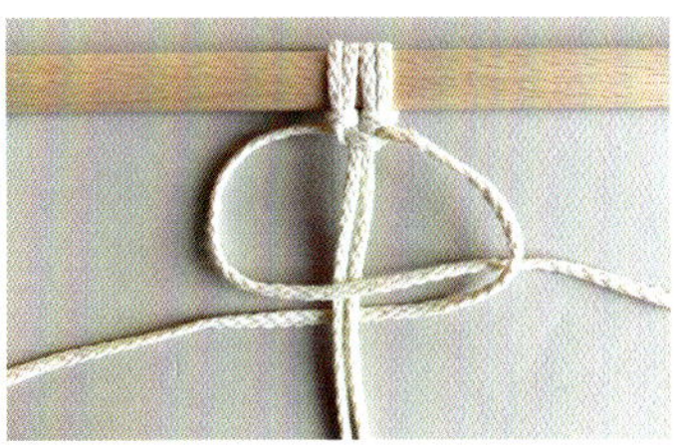

7 Der rechte Faden wird nun nach oben durch die linke Schlaufe gezogen.

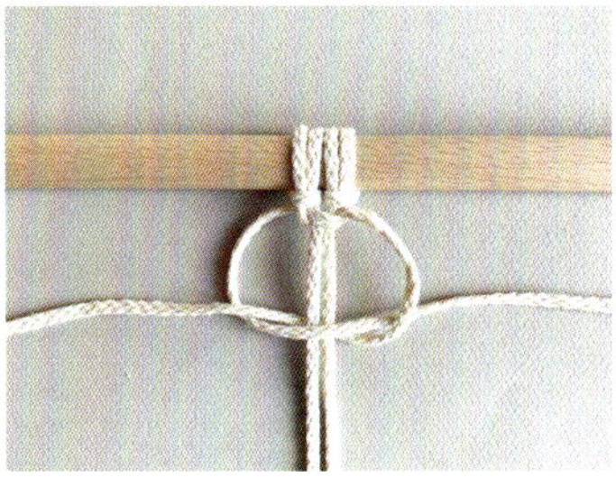

8 Ziehe erneut die Arbeitsfäden senkrecht zu den Trägerfäden fest.

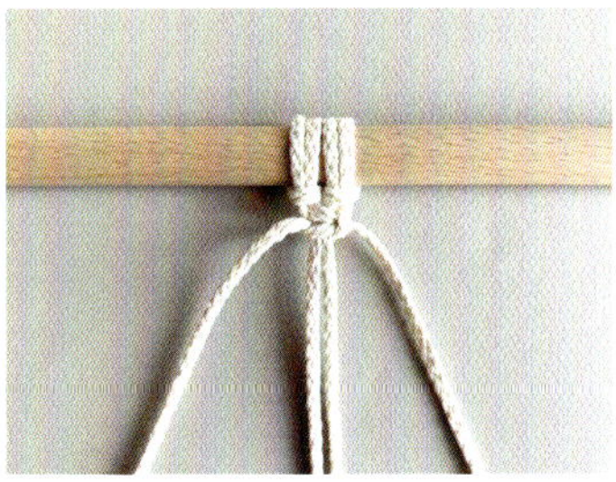

Kreuzknoten werden oftmals untereinander, aber auch versetzt geknotet. Dadurch können große gleichmäßige Flächen geknüpft werden.

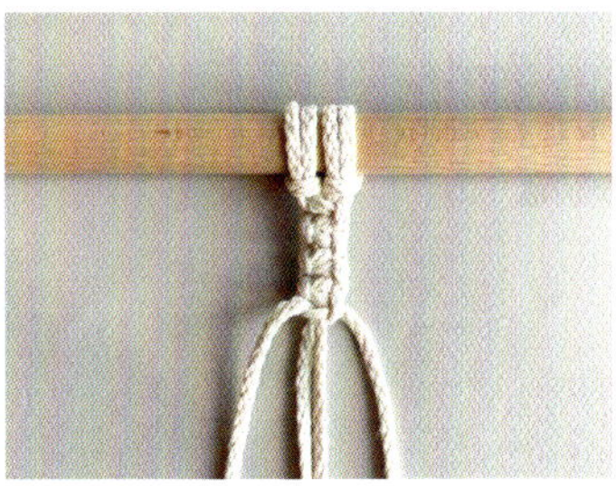

Beerenknoten

Der Beerenknoten ist ein echter Hingucker. Seinen Namen verdankt er seiner runden Form, die aussieht wie eine hängende Beere.

1 Knote 3 Kreuzknoten untereinander, lasse hierbei einen Abstand von 1 cm zum Ankerknoten.

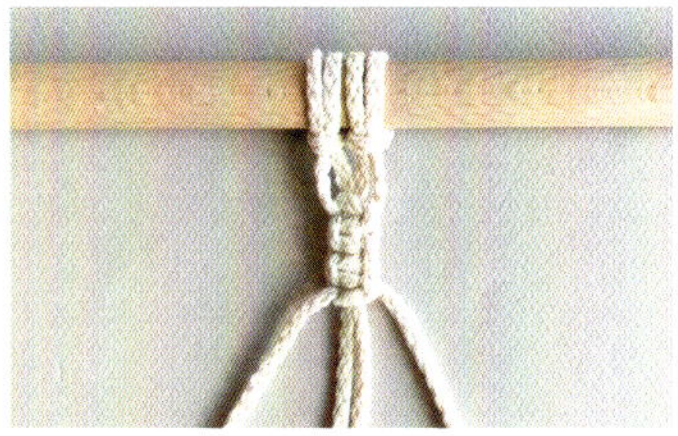

2 Nimm nun die beiden Trägerfäden (Fäden in der Mitte) und führe die Enden von oben durch die Mitte der 1 cm großen Lücke

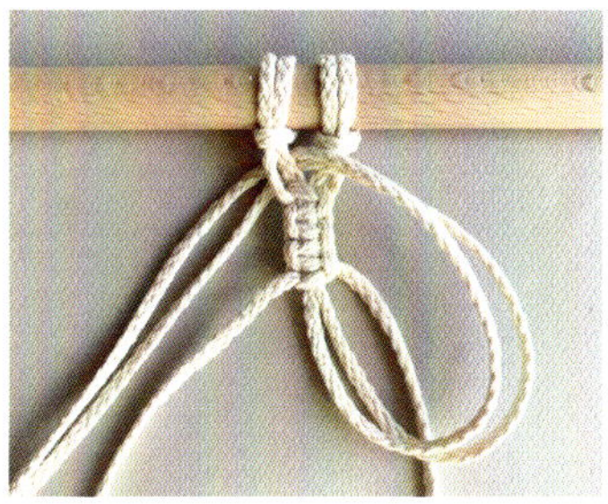

3 Ziehe die Fäden nach hinten durch und lege sie wieder mittig vor dich. Die Kreuzknoten rollen sich hierbei zu einer Beere zusammen.

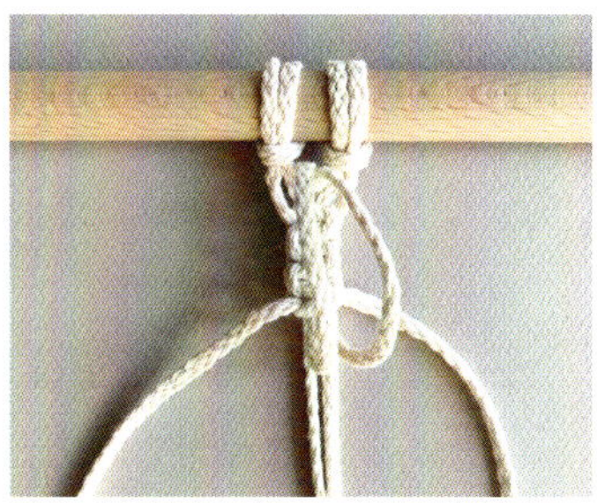

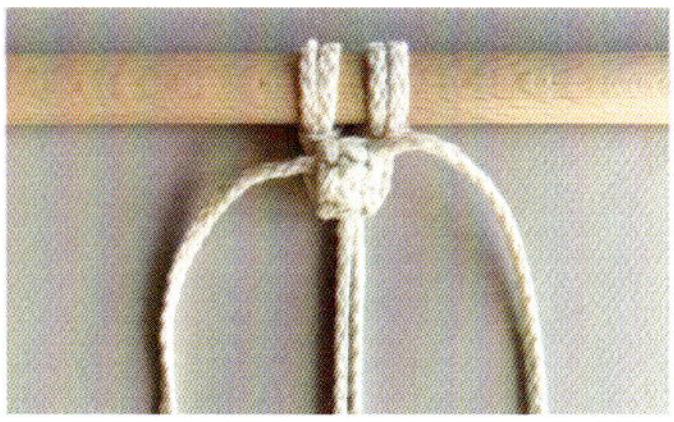

4 Knote erneut einen Kreuzknoten, um den Beerenknoten zu befestigen.

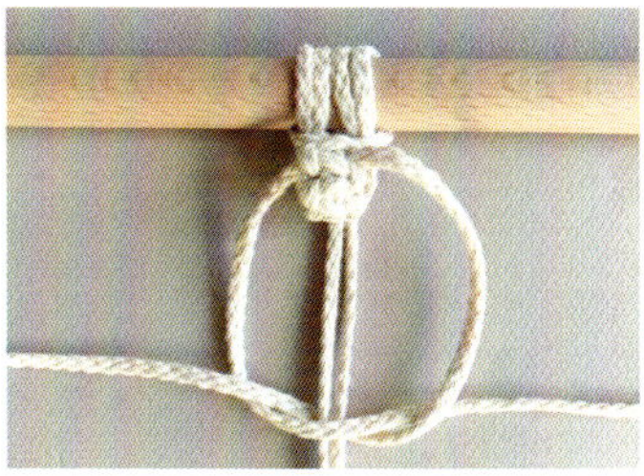

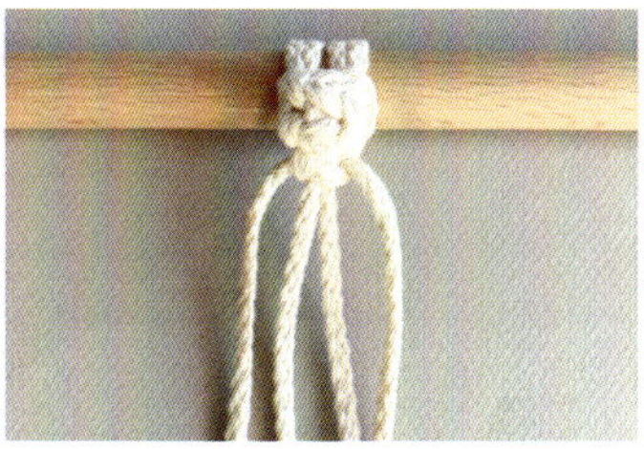

Rippenknoten

Der Rippenknoten kann schräg nach unten und waagerecht geknotet werden. Hierbei werden mehrere Arbeitsfäden mit jeweils 2 halben Schlägen um den Trägerfaden geknotet.

1 Nimm den linken äußeren Faden und lege ihn schräg nach unten zur Mitte, dies ist der Trägerfaden.

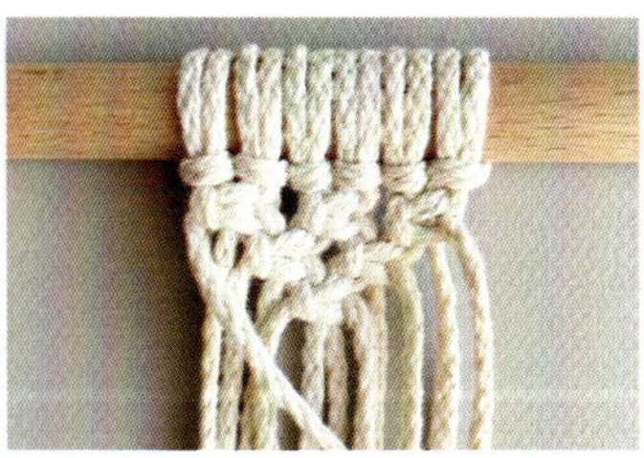

2 Greife den zweiten Faden von links (Arbeitsfaden) und schlage ihn von vorne um den Trägerfaden herum, sodass eine Schlaufe entsteht. Ziehe dann von hinten nach vorne den Arbeitsfaden durch die Schlaufe. Nun ziehst du den Arbeitsfaden fest. Wiederhole diesen Schritt mit dem gleichen Arbeitsfaden.

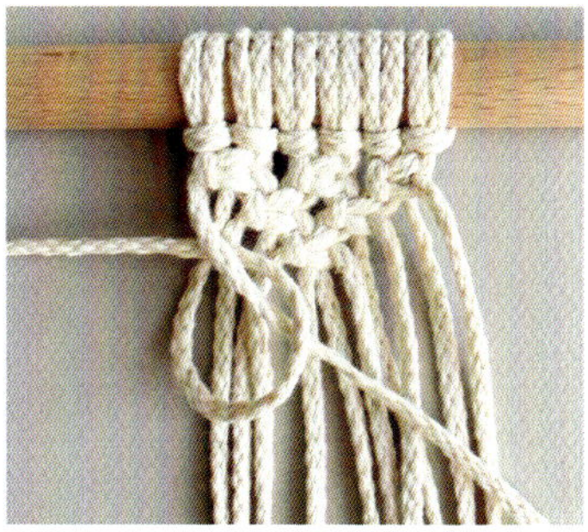

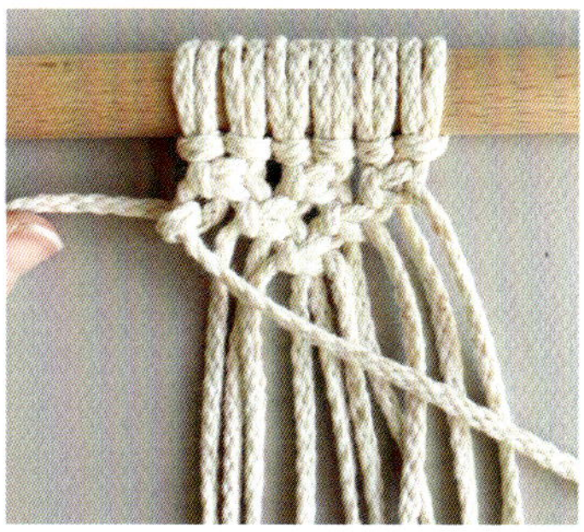

3 Anschließend kannst du den nächsten Arbeitsfaden nehmen und den 2. Schritt wiederholen. Fahre so mit der gesamten linken Reihe fort.

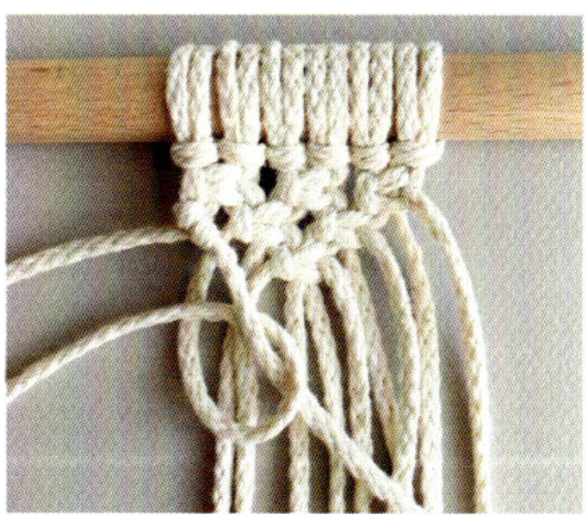

4 Um auf der rechten Seite Rippenknoten zu knüpfen, nimmst du den äußeren rechten Faden als Trägerfaden.

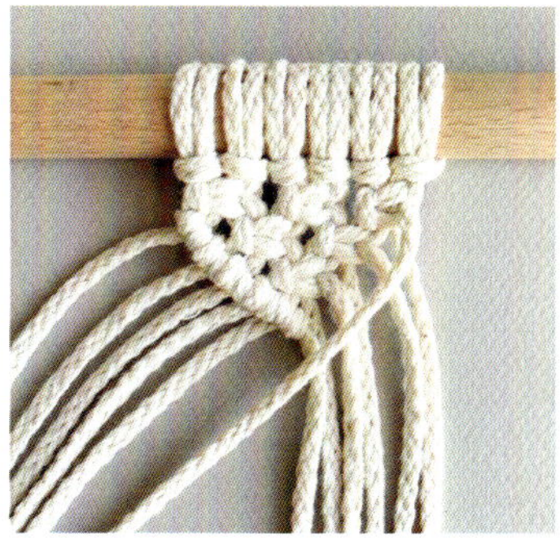

5 Der zweite Faden dient als Arbeitsfaden und wird um den Trägerfaden herum gewickelt.

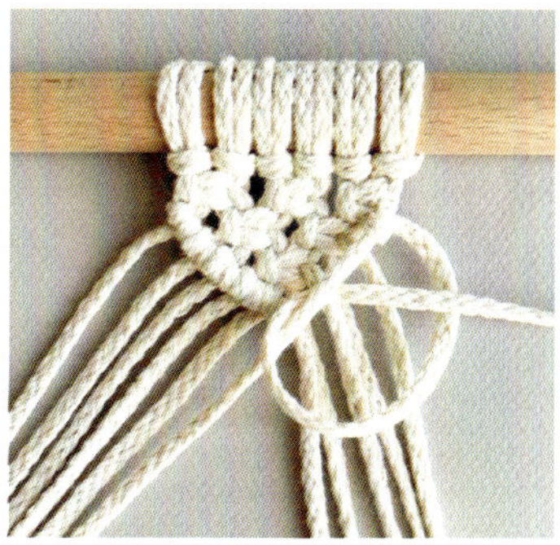

6 Schritt 5 wiederholst du ebenfalls mit der gesamten rechten Reihe.

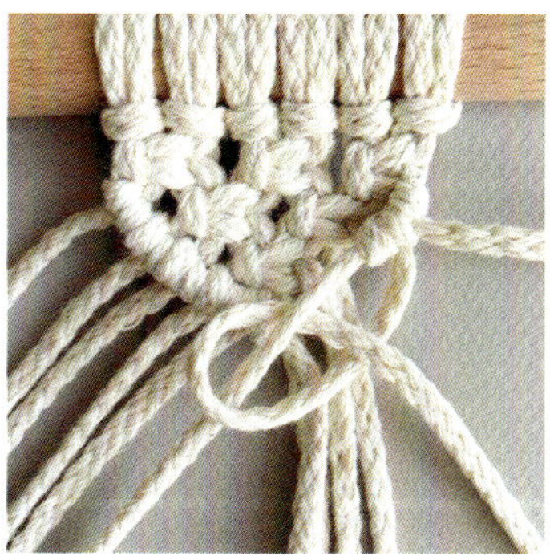

7 Die Mitte der beiden Seiten kannst du mit einem weiteren Rippenknoten schließen. Hierbei spielt es keine Rolle, ob der Knoten auf der linken oder rechten Seite geknüpft wird.

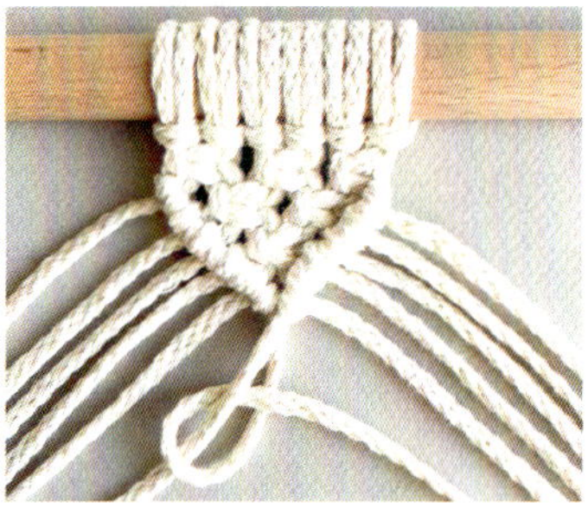

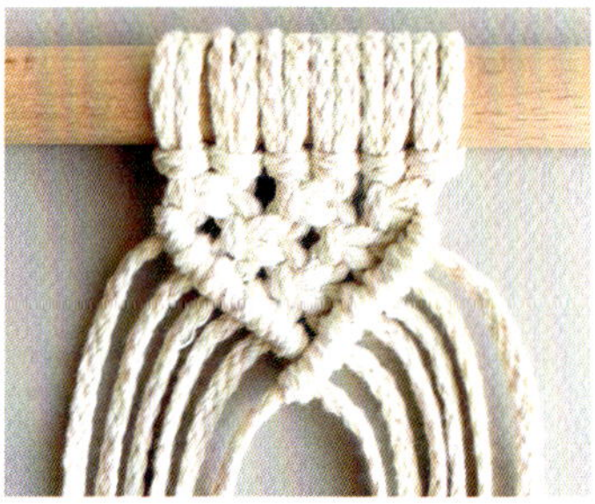

Wickelknoten

Mit dem Wickelknoten können offene Stellen einfach und sicher zusammengehalten werden. Hierbei wird ein neuer Faden um das Makramee-Werk geknotet. Mit buntem Garn kannst du schöne Akzente setzen.

1 Lege den Faden mit einer Schlaufe über die anderen Stränge.

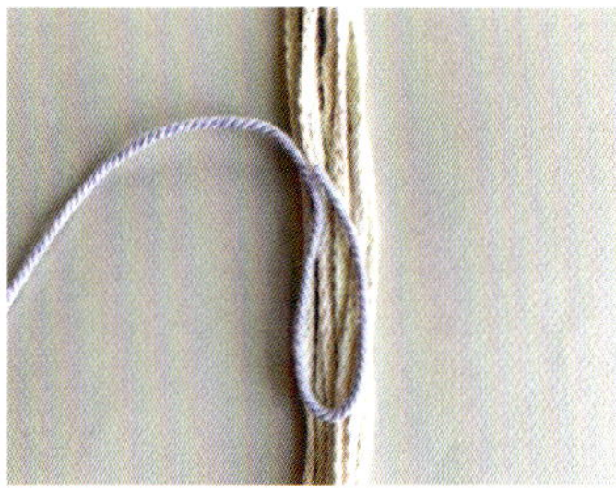

2 Nun umwickelst du mit der langen Seite des Fadens die Schlaufe und die Stränge. Wickel das Garn mehrfach eng herum, sodass die Schlaufe darunter verschwindet. Der obere Faden muss aber sichtbar bleiben.

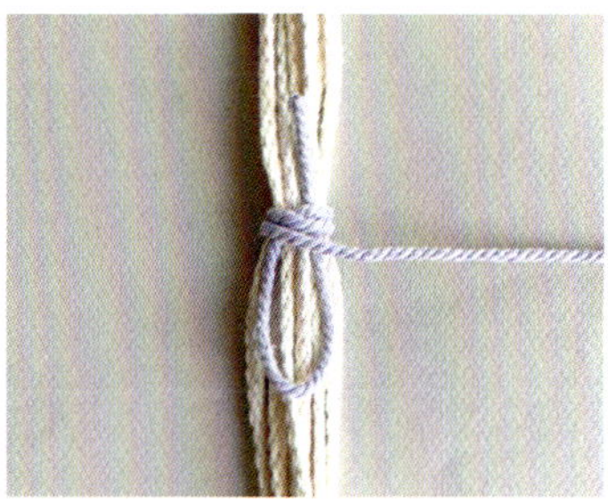

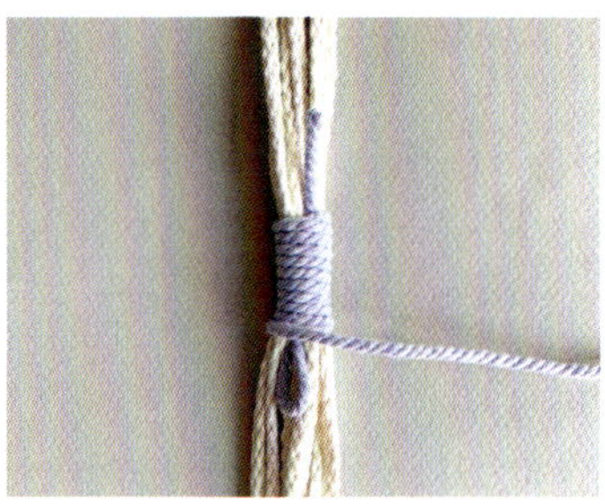

3 Nach der gewünschten Länge ziehst du den Faden durch die Schlaufe.

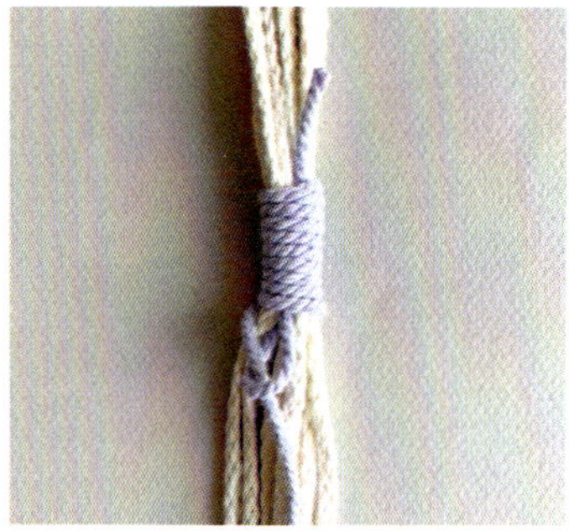

4 Ziehe an dem oberen Faden, um die Schlaufe zuzuziehen. Die Schlaufe mit dem Faden verschwindet dabei unter dem Umwickelten.

5 Die Enden kannst du nun abschneiden und mit Hilfe einer Schere in das Innere des Knotens hineindrücken.

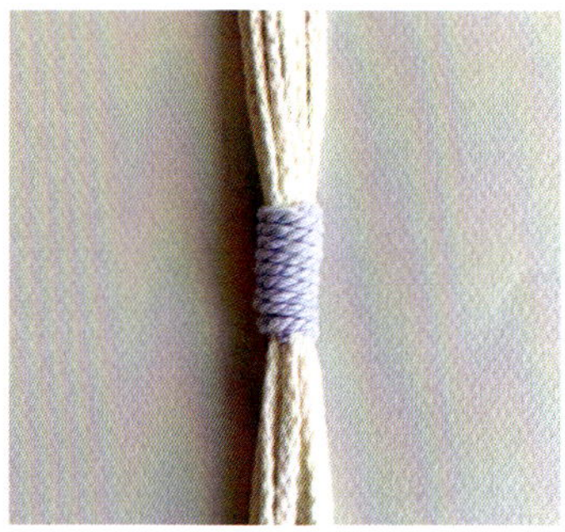

Alle Modelle wurden mit Garn von der Firma Seilwerk Paul Dittus GmbH, 75045 Walzbachtal, Deutschland geknüpft. Vielen Dank für das Material.

Flaschentasche

Für die Party

MOTIVGRÖSSE

72 cm lang, 13 cm breit

MATERIAL

- 12 Baumwollfäden in Altrosa, gezwirnt, ø 3 mm, 2,5 m lang
- 3 Baumwollfäden in Altrosa, gezwirnt, ø 3 mm, 40 cm lang
- Schere

Mein Tipp für dich

Einen Platzhalter schneidest du aus einem Stück Pappe. Miss einfach die jeweilige Breite aus und lege ihn zwischen die Knoten. Dadurch kannst du einen gleichmäßigen Abstand einhalten.

1 Nimm die Enden der Fäden und befestige nach 90 cm 1 Wickelknoten.

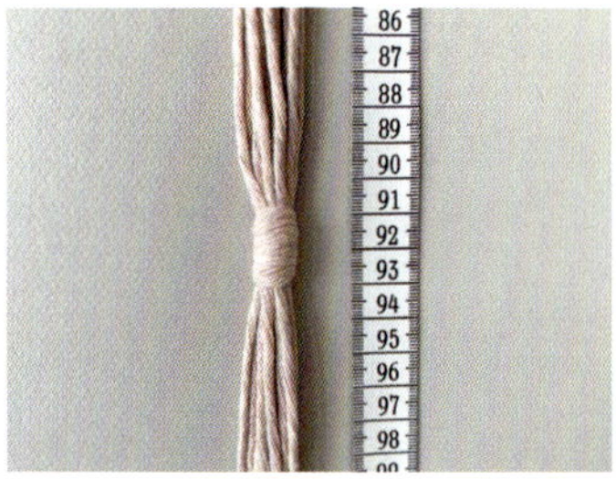

2 Anschließend nimmst du je 4 Stränge zusammen und flechtest einen 70 cm langen Gurt. Befestige auch hier wieder 1 Wickelknoten.

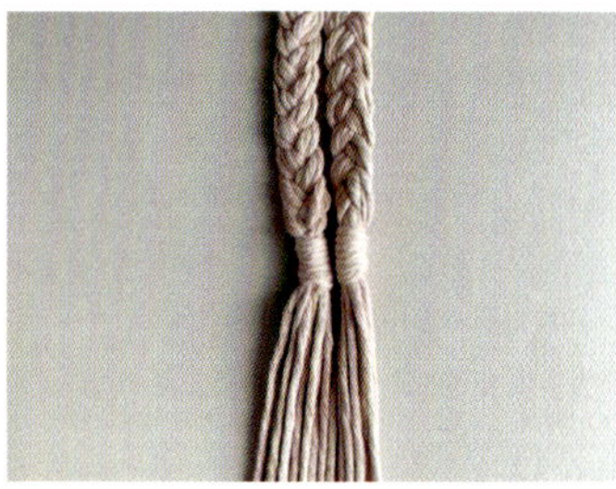

3 Nun knüpfst du nach 4 cm Abstand 1 Kreuzknoten. Wiederhole diesen Schritt, bis du insgesamt 6 Kreuzknoten hast.

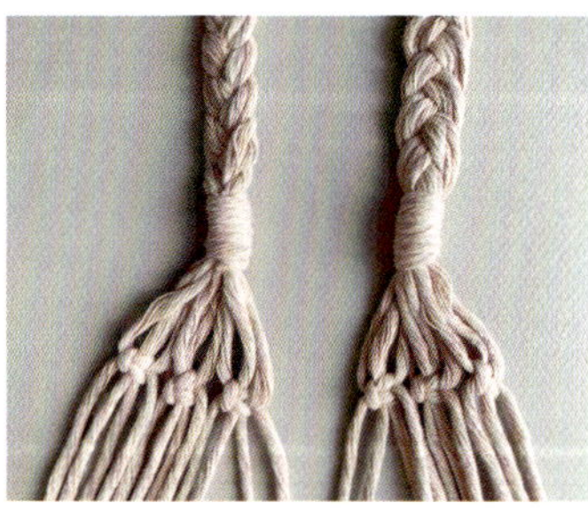

4 Verbinde anhand des Kreuzknotens die beiden Seiten und wiederhole 1 Reihe Kreuzknoten. Verbinde auch die gegenüberliegenden Seiten miteinander.

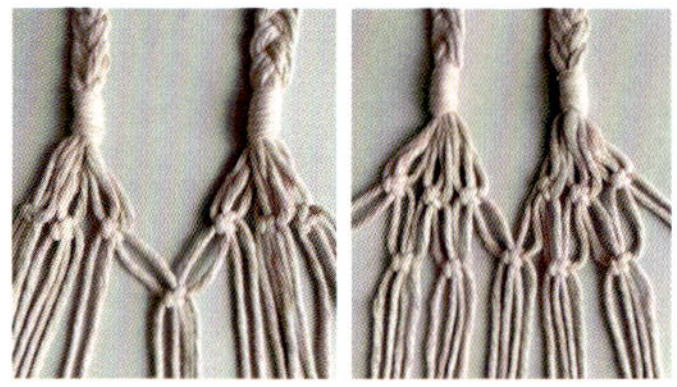

5 Anschließend knüpfst du insgesamt 7 Reihen Kreuzknoten. Halte dabei den Abstand von 4 cm ein – hier kann ein Platzhalter hilfreich sein.

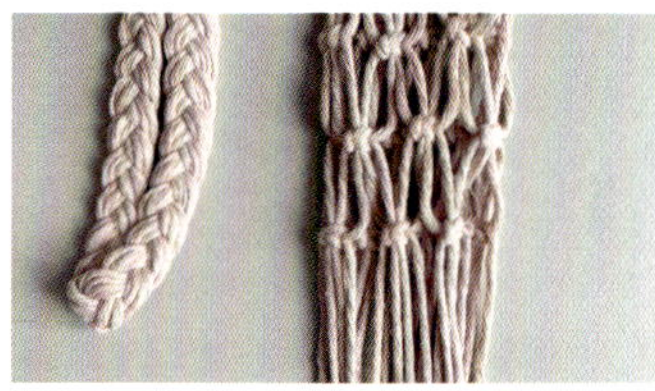

6 Schließe die Flaschentasche mit 1 Wickelknoten, lasse hierbei einen Abstand von 5 cm zwischen der letzten Reihe Kreuzknoten und dem entstehenden Wickelknoten.

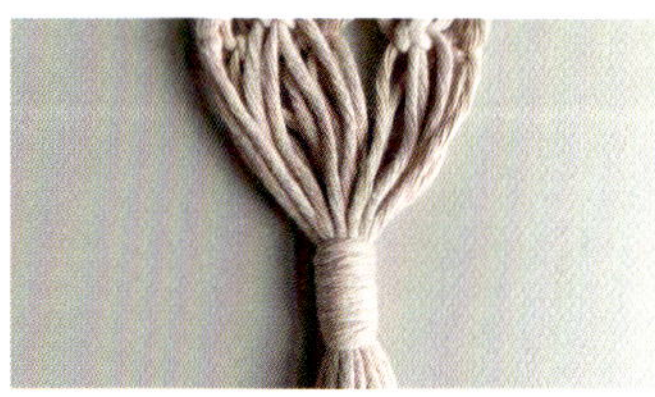

7 Schneide die Enden gleichmäßig ab.

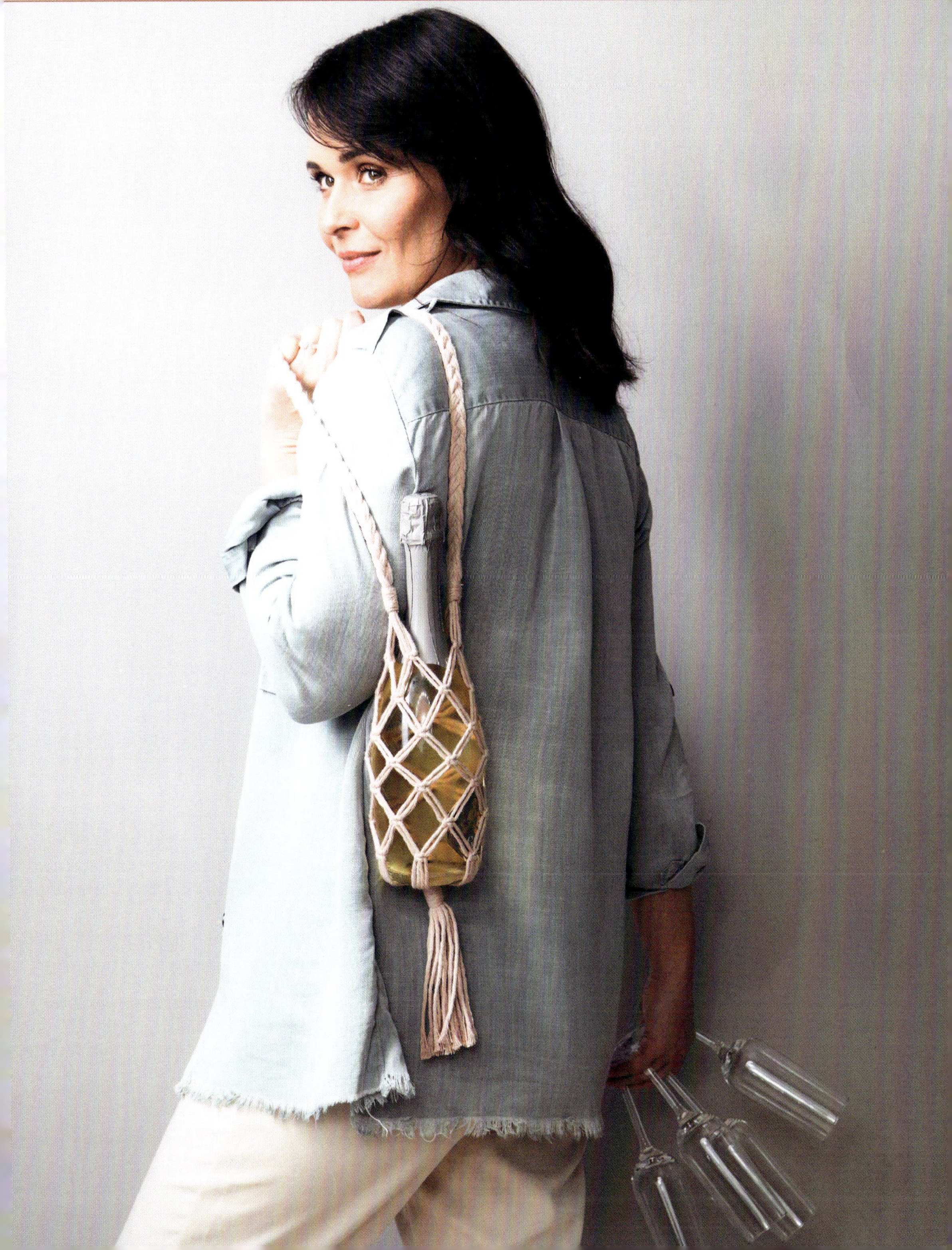

Elegante Clutch

In Flieder

MOTIVGRÖSSE

Breite ca. 22 cm, Höhe ca. 15 cm

MATERIAL

- 26 Baumwollfäden in Flieder, geflochten, ø 3 mm, 3,6 m lang
- 1 Baumwollfaden in Flieder, geflochten, ø 3 mm, 1,8 m lang
- Schere
- Kamm
- Karabiner für den Gurt
- optional Häkelnadel

1 Befestige die 26 Baumwollfäden mit dem Ankerknoten an dem kurzen Garn.

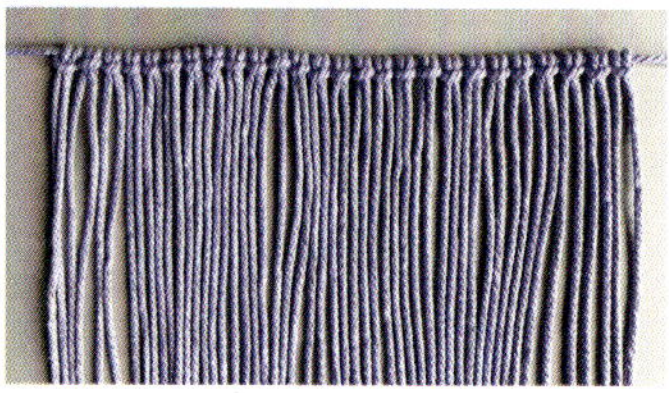

2 Knote 1 Reihe Kreuzknoten.

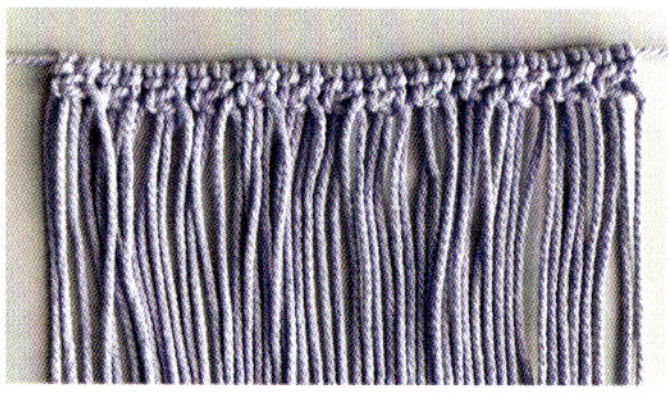

3 Nun werden die Kreuzknoten versetzt zur oberen Reihe geknotet. Wiederhole diese Schritte, bis du eine Länge von ca. 28 cm erreicht hast.

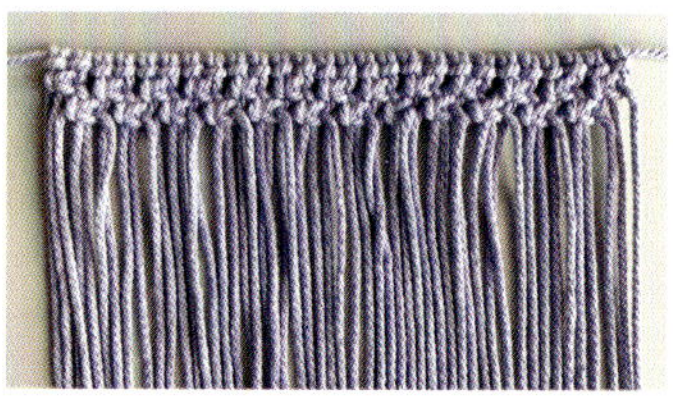

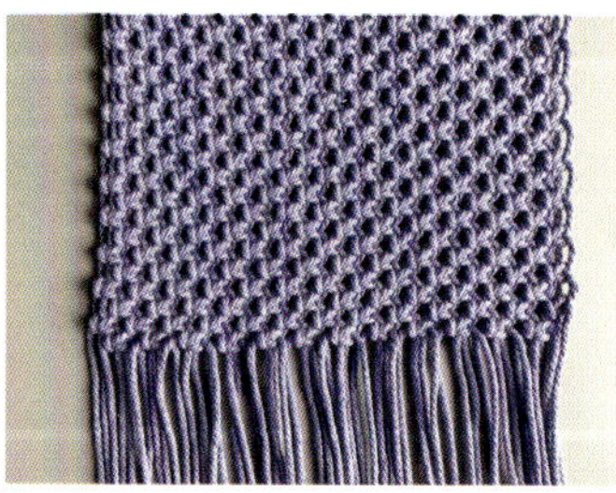

4 Anschließend wird von jeder Reihe links und rechts 1 Kreuzknoten abgenommen. Lege hierfür die beiden äußeren Stränge (auf beiden Seiten je 2) weg. Knote so lange, bis in der Mitte nur noch 1 Kreuzknoten entstehen kann.

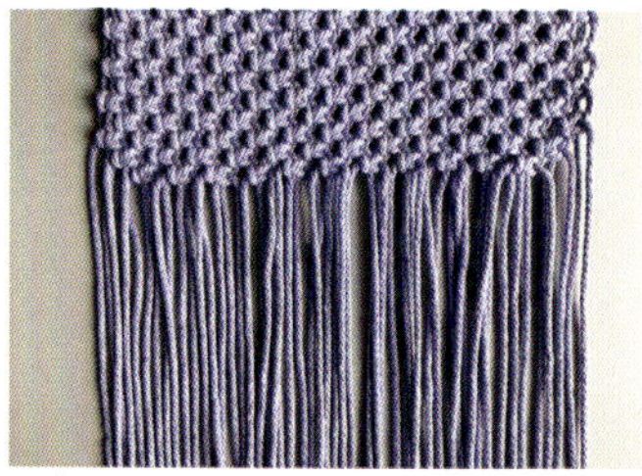

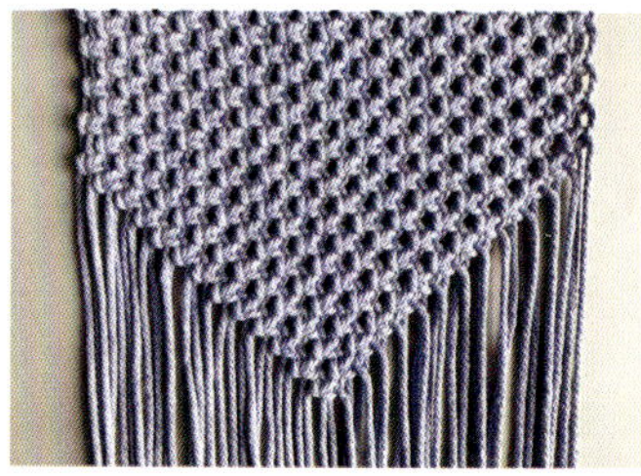

5 Mit dem linken äußersten Strang folgt nun 1 Reihe Rippenknoten bis zur Mitte des letzten Kreuzknotens. Wiederhole diesen Schritt mit dem rechten äußersten Strang. Verbinde die beiden Reihen mit 1 Rippenknoten.

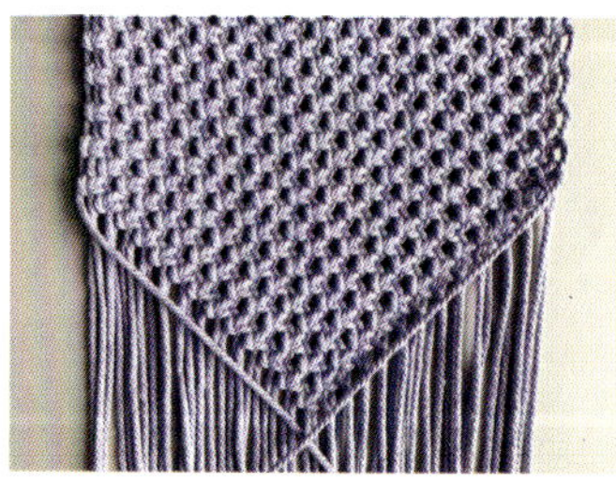

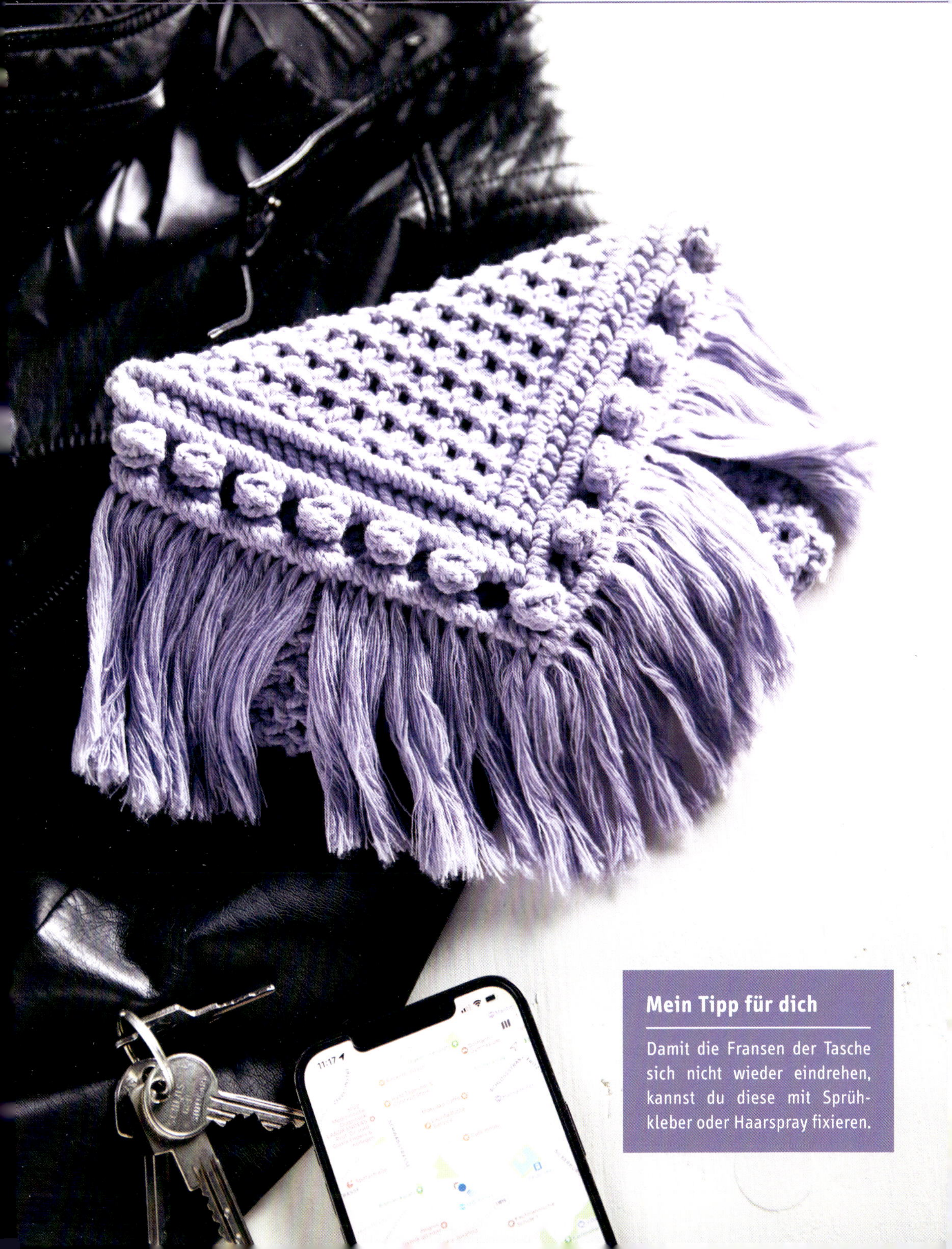

Mein Tipp für dich

Damit die Fransen der Tasche sich nicht wieder eindrehen, kannst du diese mit Sprühkleber oder Haarspray fixieren.

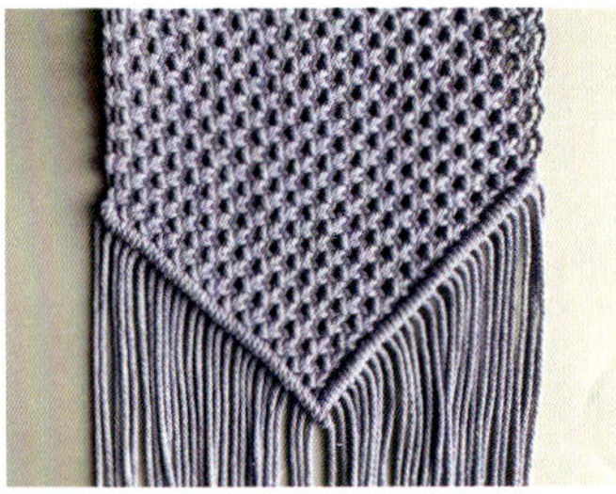

6 Wende die Tasche, nimm die äußersten Stränge und knote erneut 1 Reihe Rippenknoten bis zur Mitte.

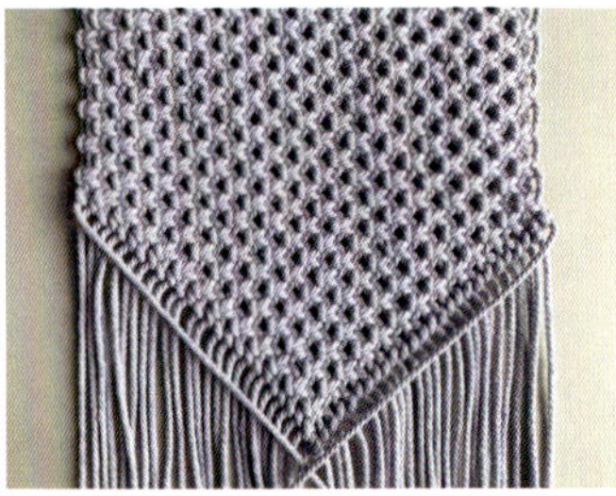

7 Nun wird die Tasche erneut gewendet. Knote 1 weitere Reihe Rippenknoten mit den äußeren Fäden.

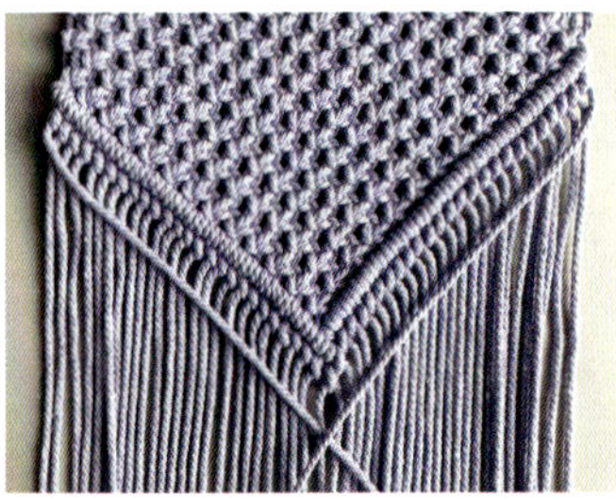

8 Anschließend knüpfst du aus je 2 Kreuzknoten 1 Beerenknoten. Auf jeder Seite entstehen 6 Beerenknoten sowie 1 in der Mitte.

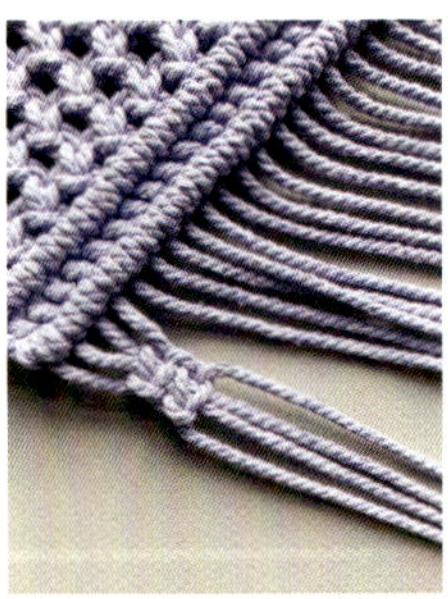

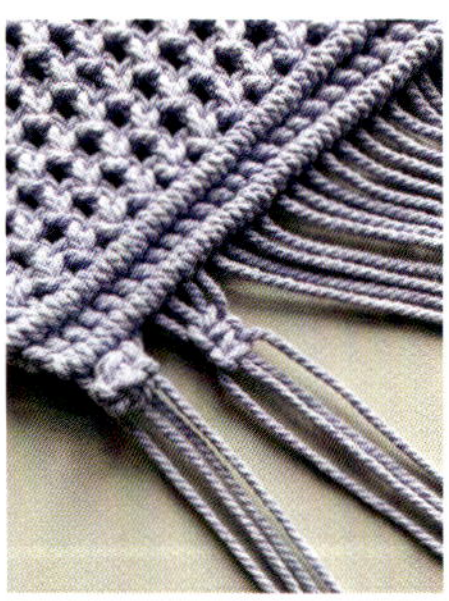

9 Nimm erneut auf jeder Seite den äußeren Faden und knote 1 neue Reihe Rippenknoten.

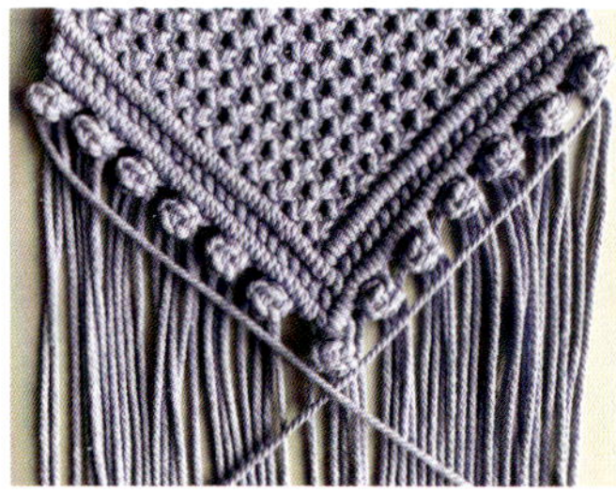

10 Falte die Tasche mittig, sodass die Reihe mit den Ankerknoten bündig zu der letzten vollständigen Reihe der Kreuzknoten liegt.

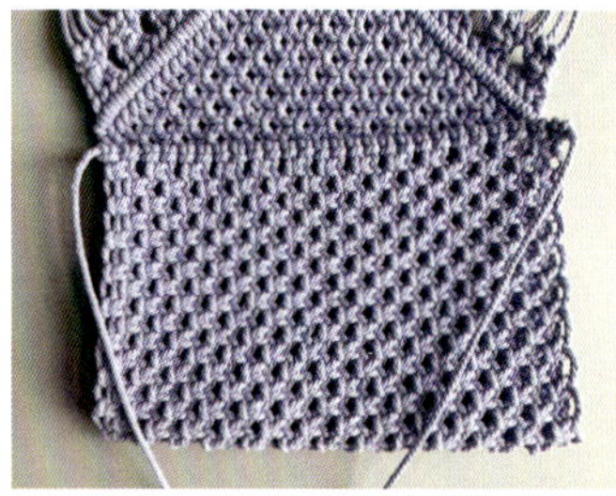

Mit dem übrigen Garn werden die Seiten geschlossen, indem du das Garn durch die Ösen des Kreuzknotens fädelst. Hierbei kann eine Häkelnadel helfen. Verknote und vernähe die Fäden miteinander.

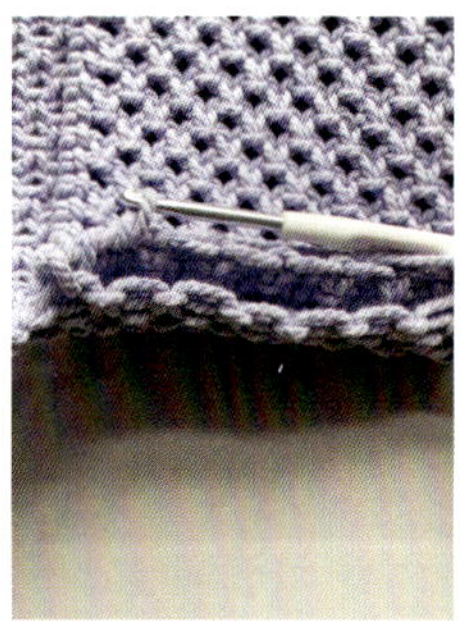

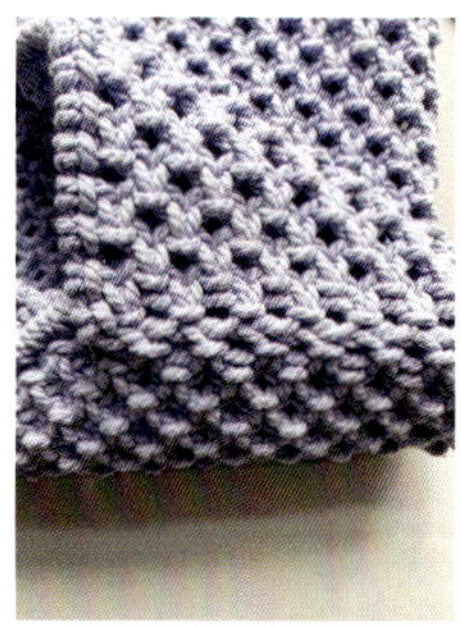

11 Die Enden auskämmen und zuschneiden. Passende Taschengurte findest du auf Seite 57–63.

Handytasche

Immer parat

MOTIVGRÖSSE
ca. 10 cm breit, ca. 28 cm lang

MATERIAL
- 23 Baumwollfäden in Natur, geflochten, ø 3 mm, 1,6 m lang
- 1 Baumwollfaden in Natur, geflochten, ø 3 mm, 1,8 m lang
- 6 Baumwollfäden in Natur, geflochten, ø 3 mm, 40 cm lang
- 1 Baumwollfadenrest in einer anderen Farbe
- Schere
- Karabiner für den Gurt

1 Befestige in der Mitte des 1,8 m langen Baumwollfaden das andersfarbige Garn. Die 23 Stränge teilst du nun auf, indem du links 11 Fäden und rechts 12 Fäden mit dem Ankerknoten befestigst.

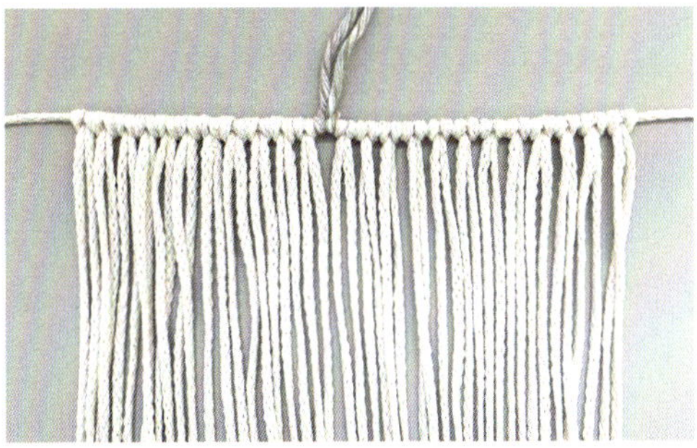

2 Anschließend knüpfst du 1 Reihe Kreuzknoten. 1 Strang bleibt dabei frei.

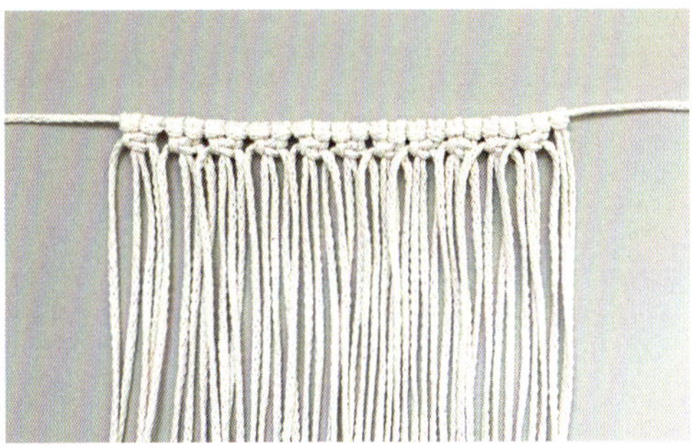

3 Nun faltest du die Reihen aufeinander und verbindest die offene Seite mit 1 normalen Doppelknoten.

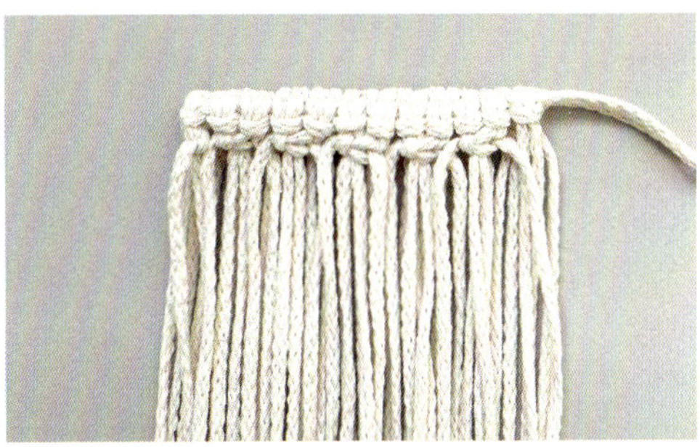

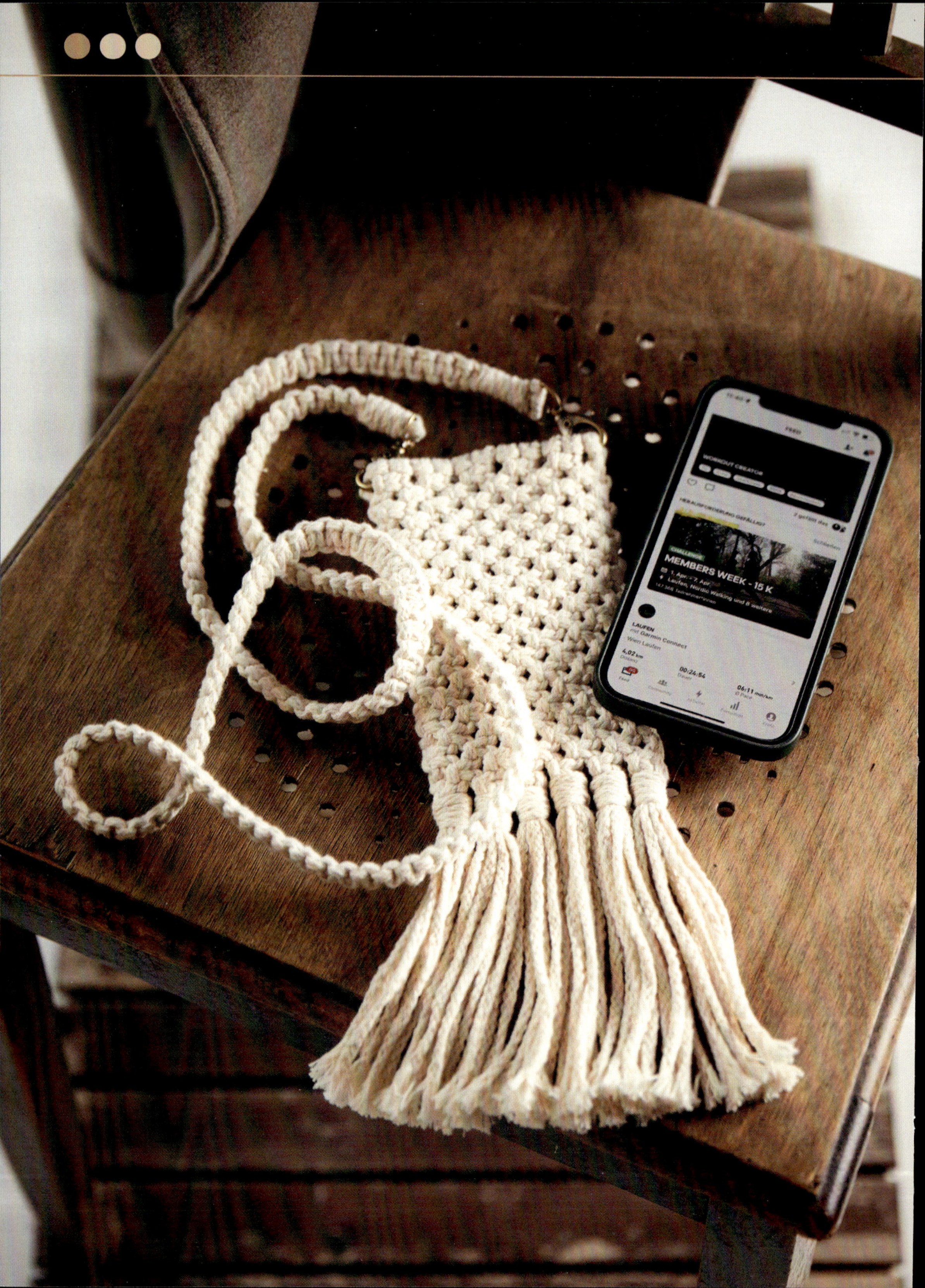
WORKOUT CREATOR
CHALLENGE
MEMBERS WEEK - 15 K
LAUFEN
mit Garmin Connect

4 Die Lücke wird mit 1 Kreuzknoten verschlossen.

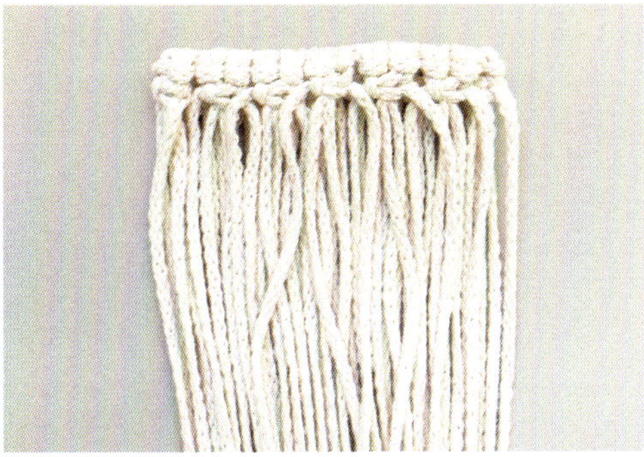

5 Es folgt 1 Reihe versetzter Kreuzknoten. Diesen Schritt wiederholst du, bis es ca. 21 Reihen (15 cm lang) sind.

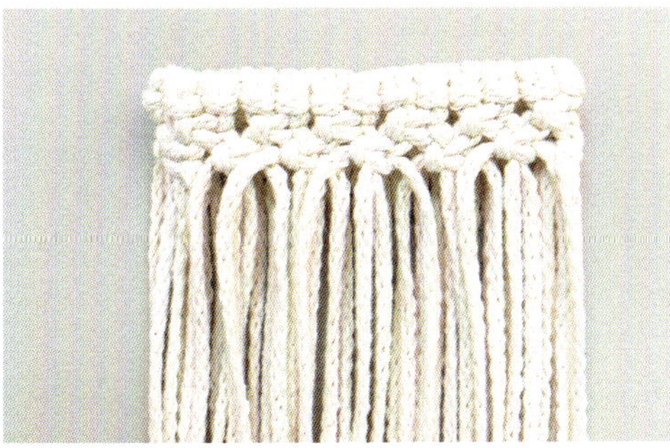

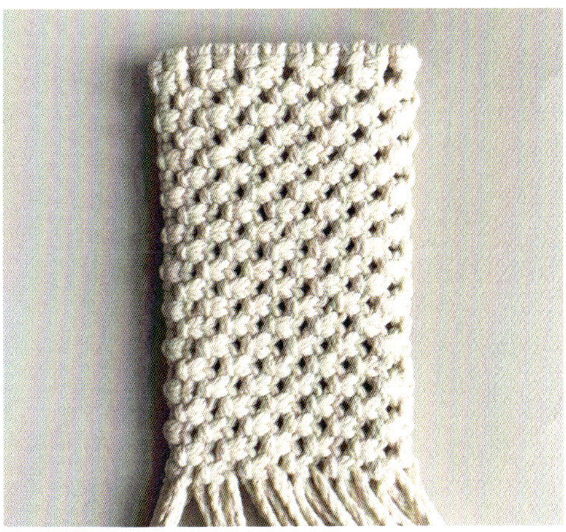

6 Nun werden je 2 gegenüberliegende Kreuzknoten mit 1 Wickelknoten verbunden.

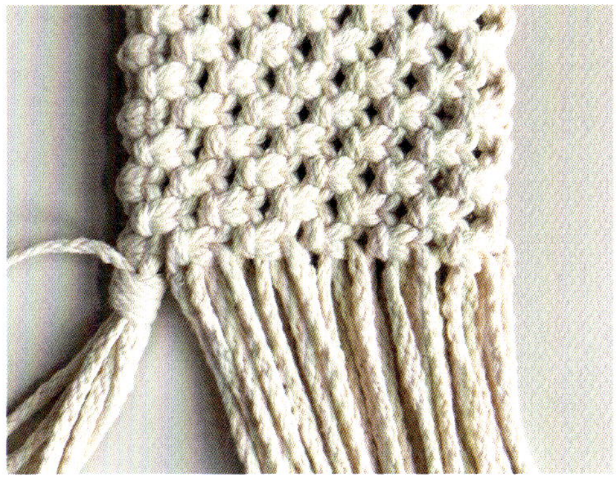

7 Insgesamt befestigst du 5 Wickelknoten.

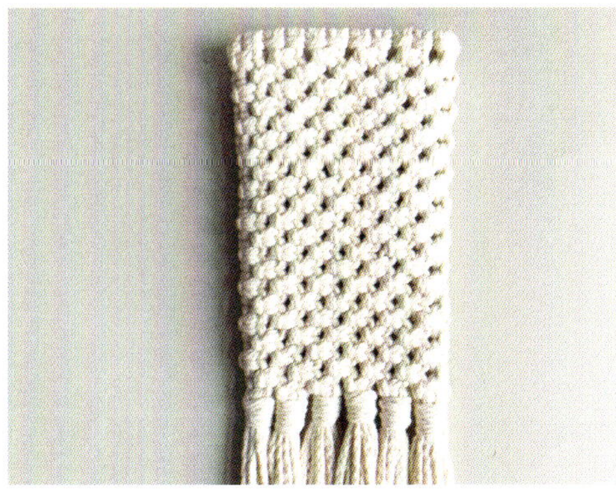

8 Zum Schluss schneidest du die Enden gleichmäßig ab. Verschiedene Taschengurte findest du auf Seite 57–63.

Mein Tipp für dich

Setze farbliche Akzente, indem du die Wickelknoten mit buntem Garn knotest. Stimme die Tasche farblich mit deinem Lieblingsoutfit ab.

Korbtasche

Im Boho-Look

MOTIVGRÖSSE
30 cm lang (ohne Fransen 14 cm), ø 15 cm

MATERIAL

- 48 Baumwollfäden in Natur, geflochten, ø 3 mm, 1,8 m lang
- 3 Baumwollfäden in Natur, geflochten, ø 3 mm, 1,5 m lang
- 2 Baumwollfäden in Natur, geflochten, ø 3 mm, 40 cm lang
- 1 Baumwollfaden in Natur, geflochten, ø 3 mm, 60 cm lang
- Schere
- 4 Bambusringe, ø 15 cm
- 48 Holzperlen, ø 12 mm
- Textilkleber

1 Befestige alle 48 Fäden anhand des Ankerknotens an einem der Holzringe.

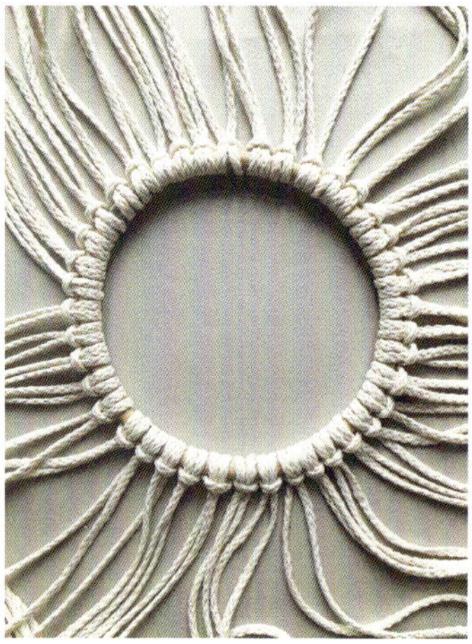

2 Knüpfe aus je 2 Ankerknoten reihum Kreuzknoten.

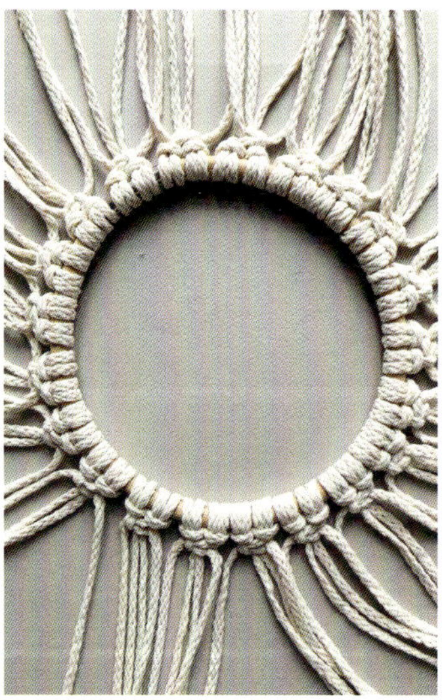

3 Nun werden die Kreuzknoten versetzt zwischen die 1. Reihe Kreuzknoten geknotet.

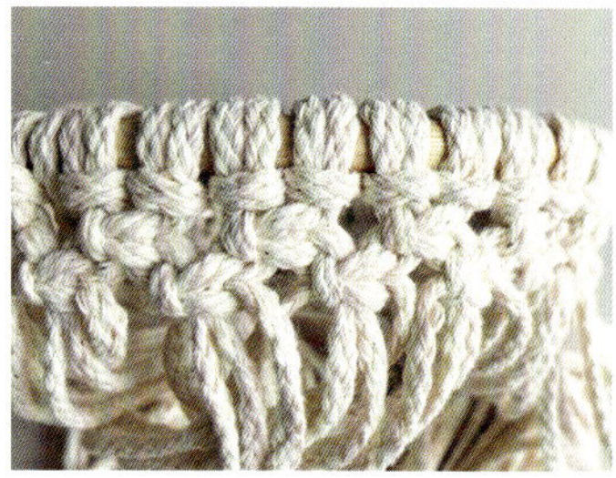

4 Ziehe die beiden äußeren Stränge durch eine Perle und befestige darunter 1 Kreuzknoten. Wiederhole diesen Schritt mit der gesamten Reihe.

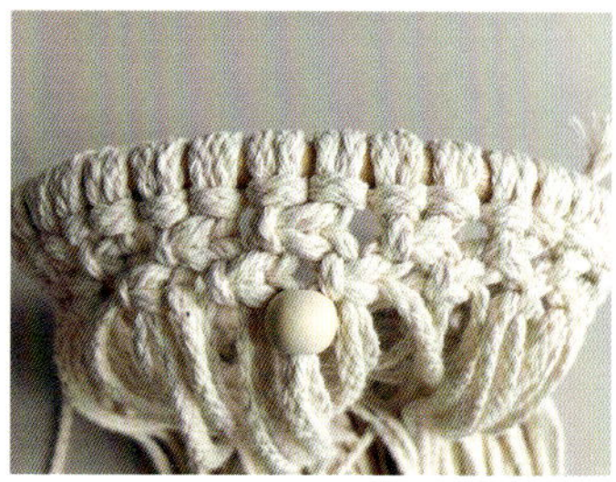

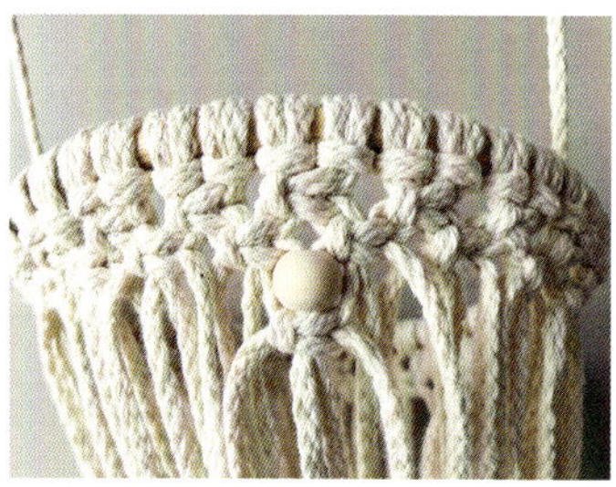

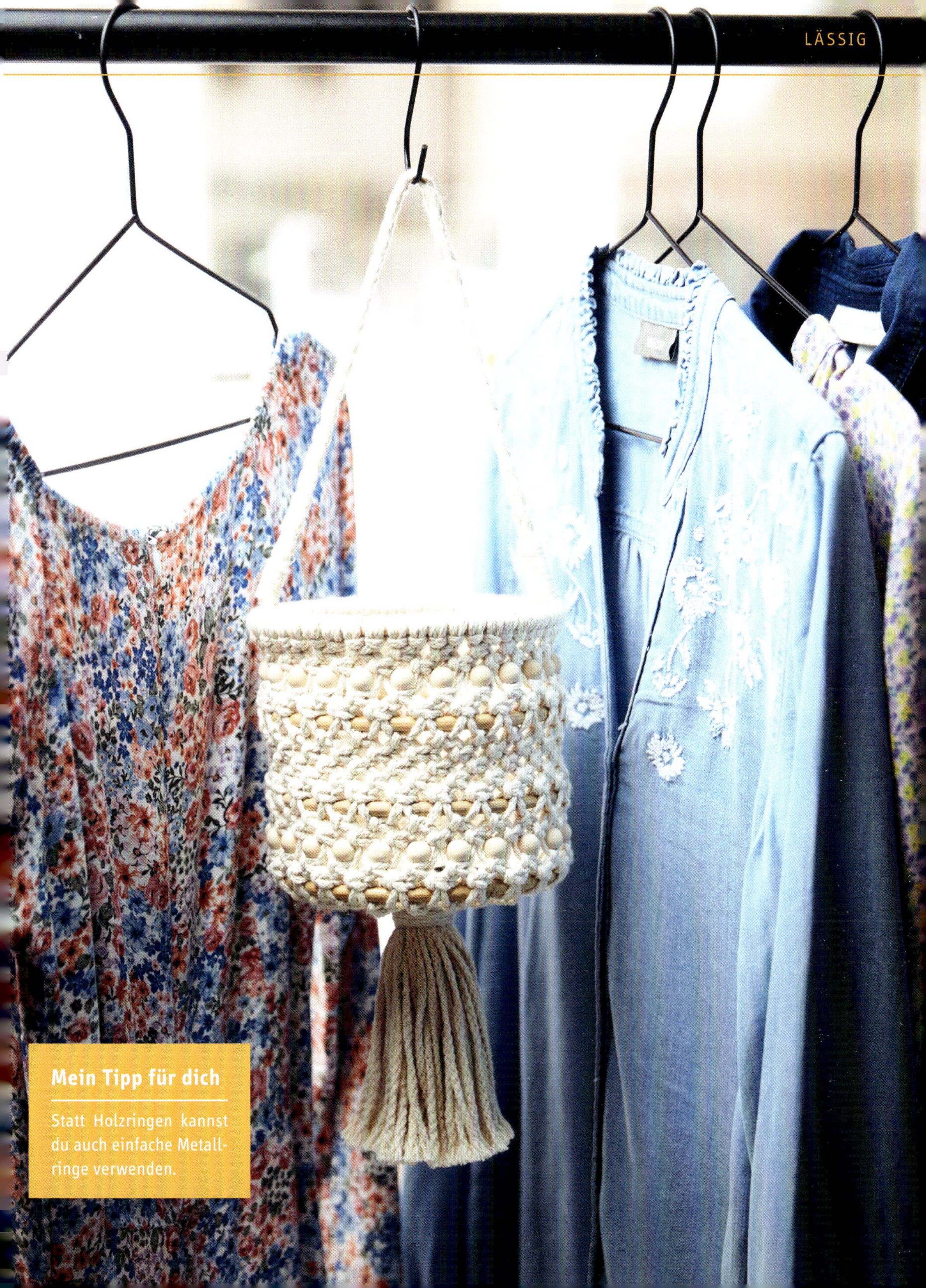

Mein Tipp für dich

Statt Holzringen kannst du auch einfache Metallringe verwenden.

5 Es folgt eine Reihe versetzter Kreuzknoten.

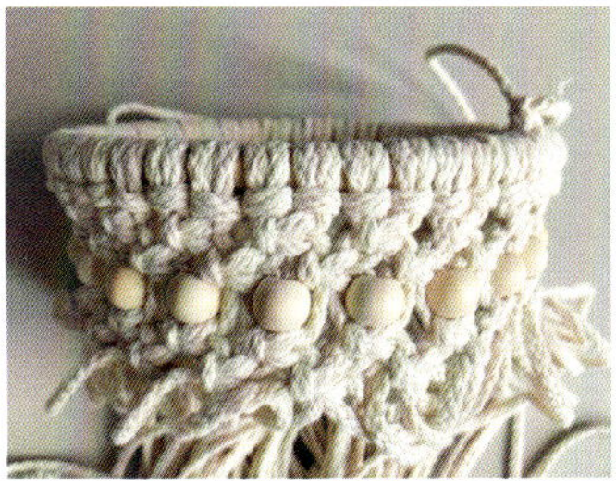

6 Nimm erneut die beiden äußeren Stränge und lege die Trägerfäden unter einen weiteren Holzring. Befestige den Ring mit 1 Kreuzknoten. Dieser Schritt wird mit der gesamten Reihe wiederholt.

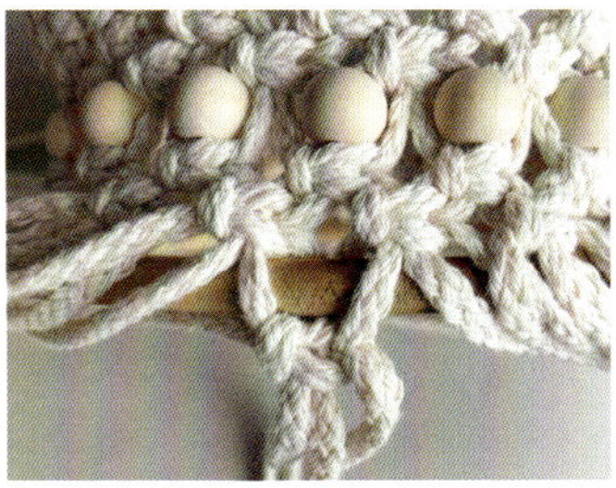

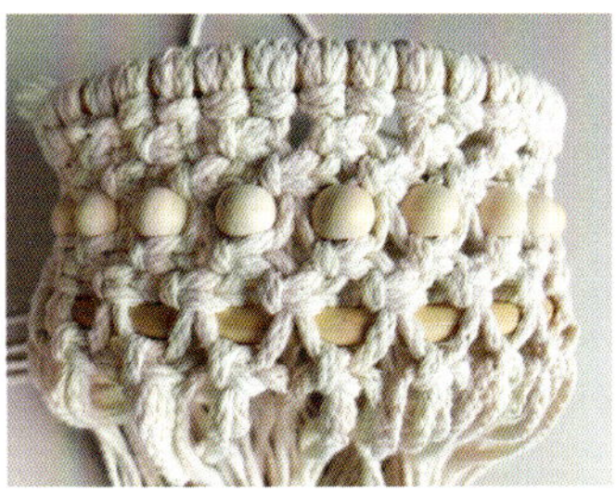

7 Insgesamt folgen bis zum nächsten Holzring 5 versetze Reihen Kreuzknoten.

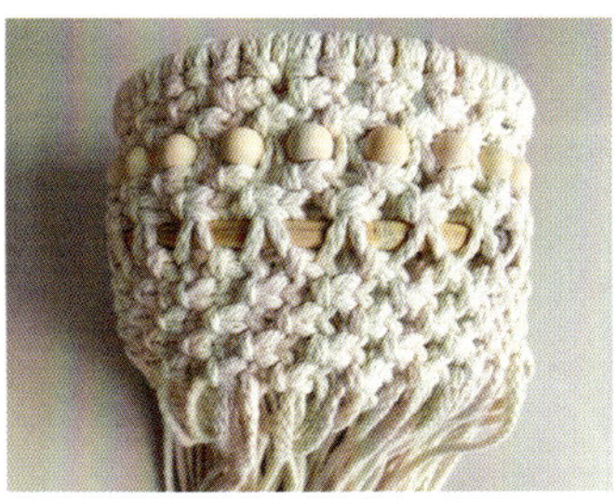

8 Befestige 1 weiteren Holzring, indem du Schritt 6 wiederholst, und knote 1 weitere Reihe versetzter Kreuzknoten.

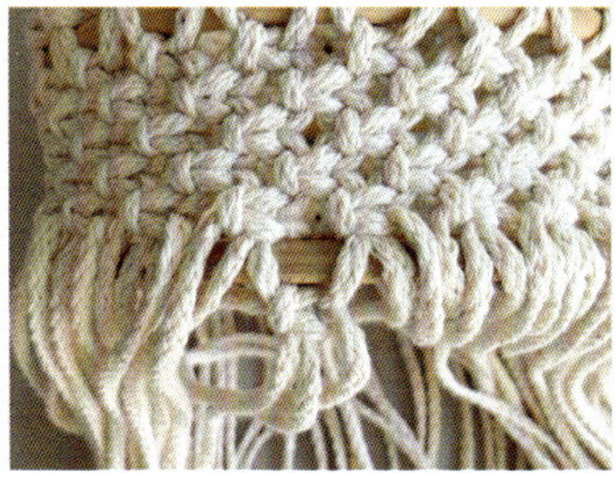

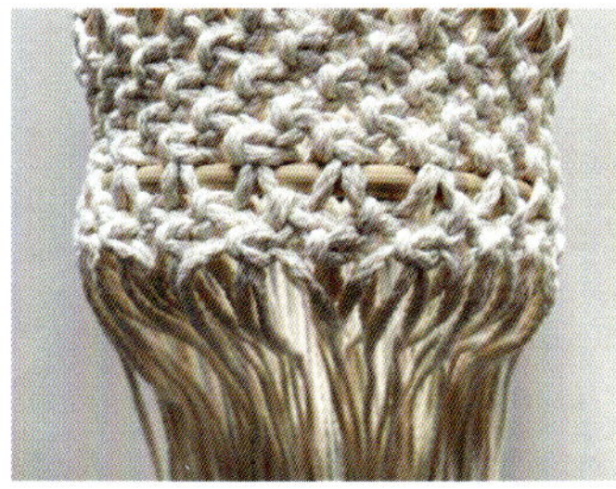

9 Wiederhole ebenfalls Schritt 4 und fädel weitere Perlen auf. Knüpfe danach 2 Reihen Kreuzknoten.

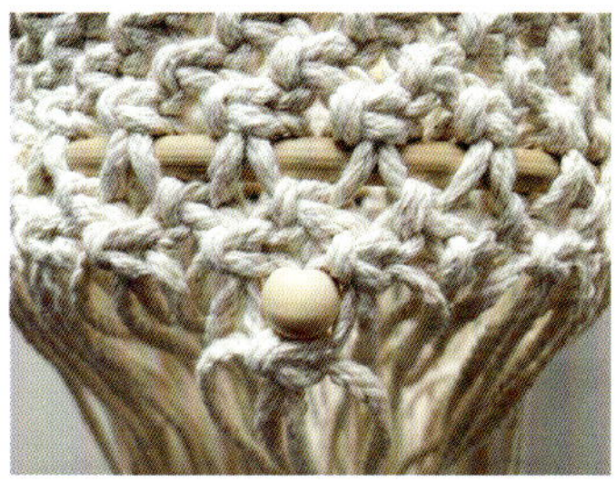

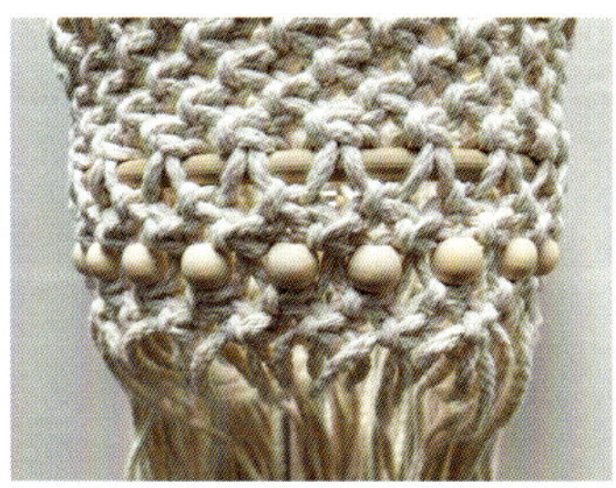

10 Befestige den letzten Holzring mit 1 Reihe Kreuzknoten.

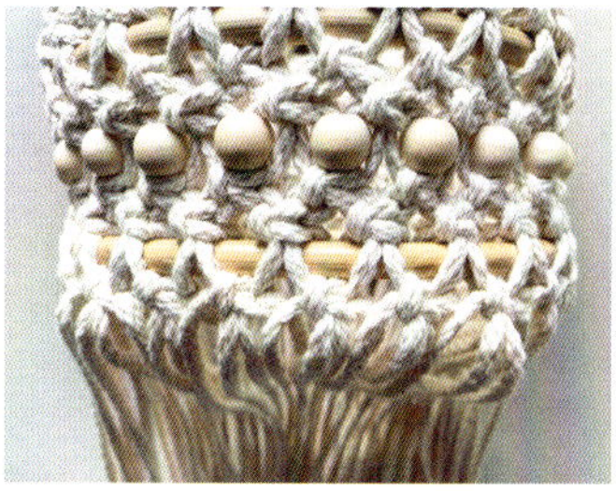

11 Nimm den 60 cm langen Baumwollfaden und schließe den Korb mit 1 Wickelknoten ab.

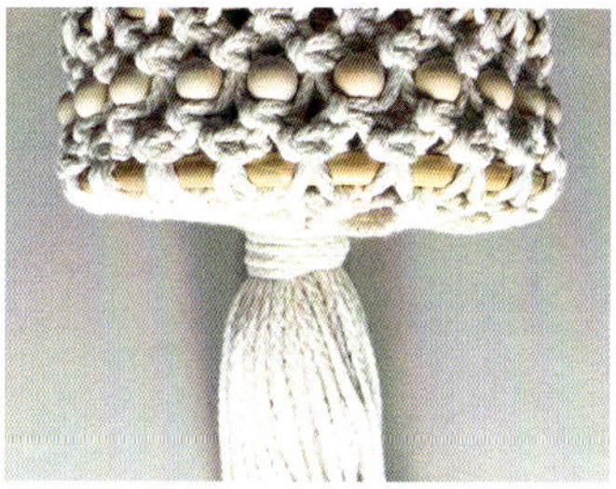

12 Für den Gurt befestigst du die 3 1,5 m langen Fäden anhand des Ankerknotens an dem Holzring.

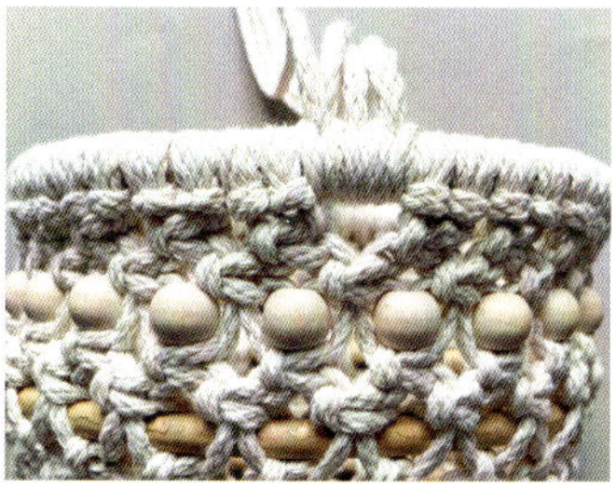

13 Es folgt 1 Wickelknoten.

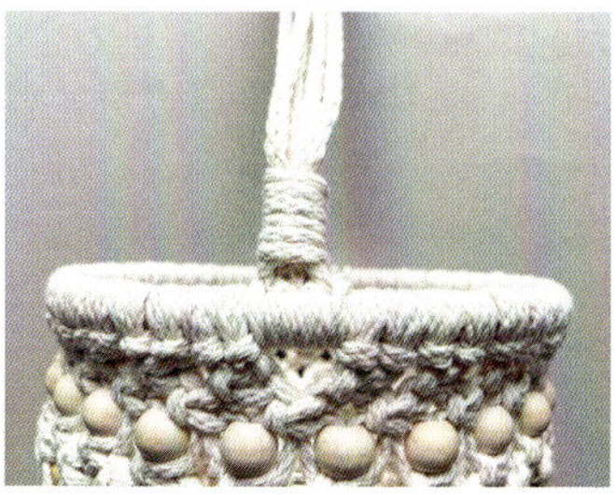

Anschließend flechtest du einen Gurt von 42 cm Länge.

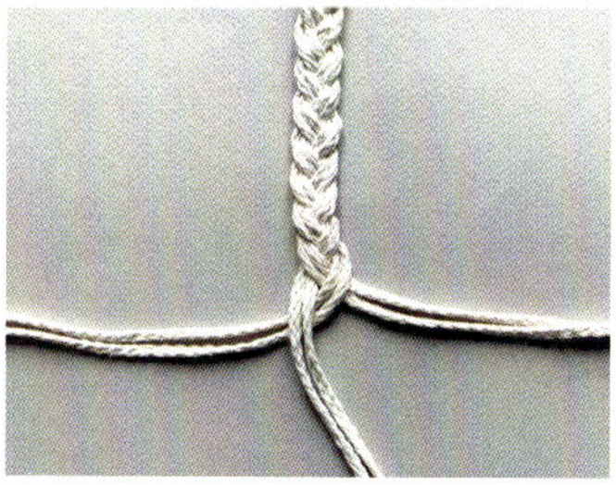

14 Ziehe die Baumwollfäden erneut auf der gegenüberliegenden Seite durch den Holzring.

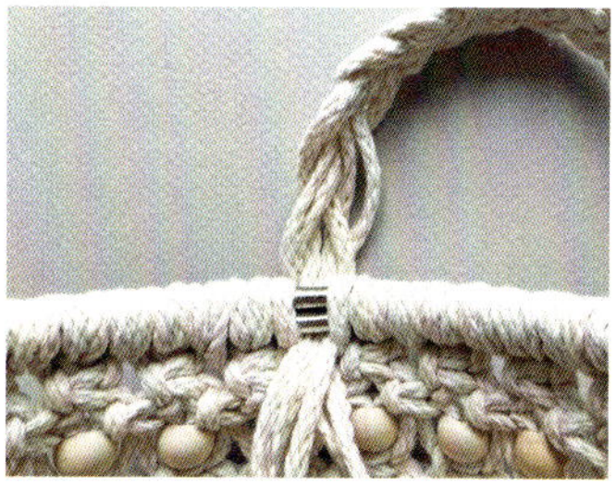

15 Trage den Textilkleber auf die Fäden auf und drücke die Enden fest auf den Kleber. Befestige über der Klebestelle 1 weiteren Wickelknoten.

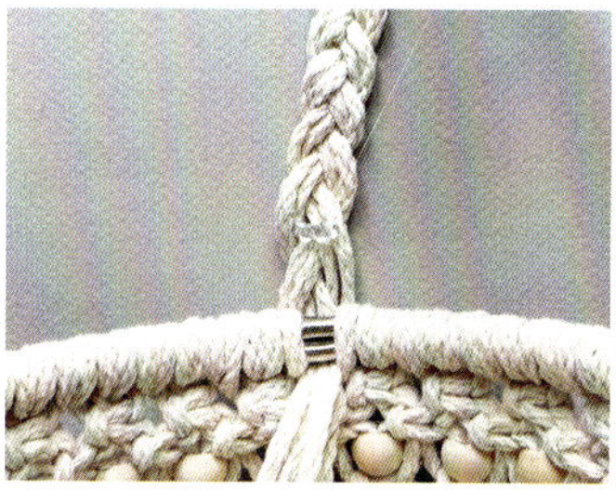

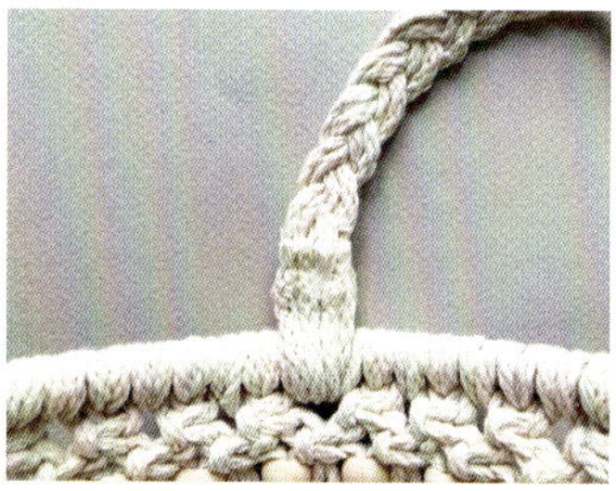

Rucksack-Make-Over

Wie neu, nur schöner

MOTIVGRÖSSE
Breite ca. 20 cm, Länge 30 cm

MATERIAL
- 24 Baumwollfäden in Natur, geflochten, ø 3 mm, 2 m lang
- 1 Baumwollfaden in Natur, geflochten, ø 3 mm, 70 cm lang
- Schere
- Textilkleber

1 Befestige alle 24 Fäden mit dem Ankerknoten an dem kurzen Garn.

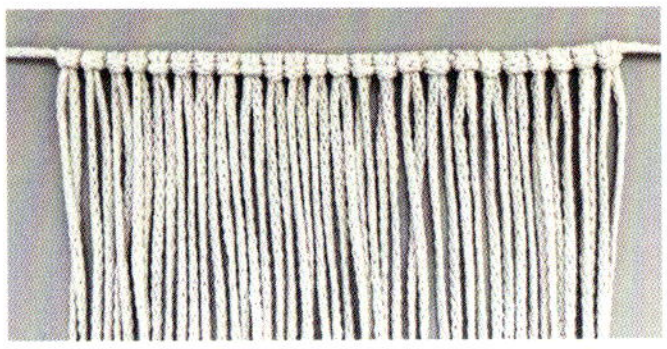

2 Nun folgt 1 Reihe Kreuzknoten. In der nächsten Reihe werden die Kreuzknoten versetzt in die Lücken geknotet. Insgesamt werden 5 Reihen Kreuzknoten geknüpft.

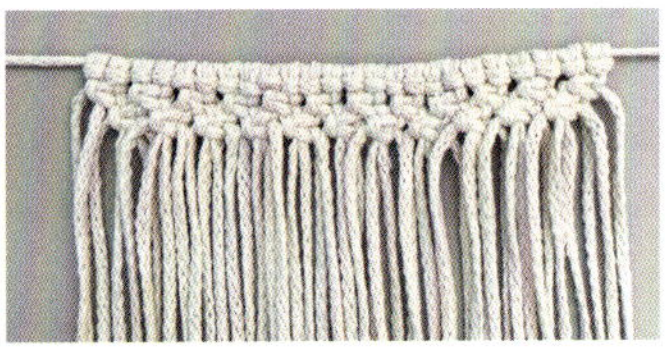

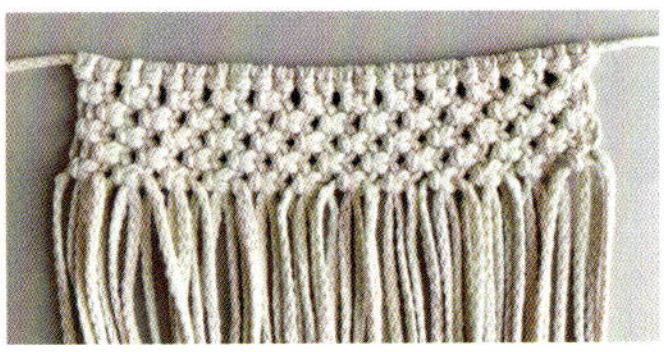

3 Aus je 3 Kreuzknoten entstehen nun „Diamanten“. Dafür nimmst du die mittleren beiden Stränge des 2. Kreuzknotens und knotest auf beiden Seiten schräg nach unten je 4 Rippenknoten.

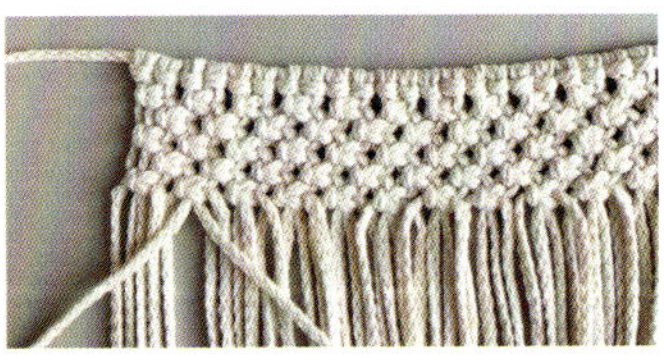

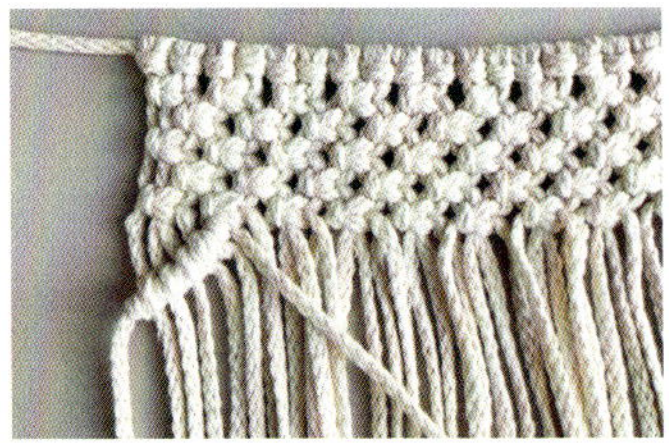

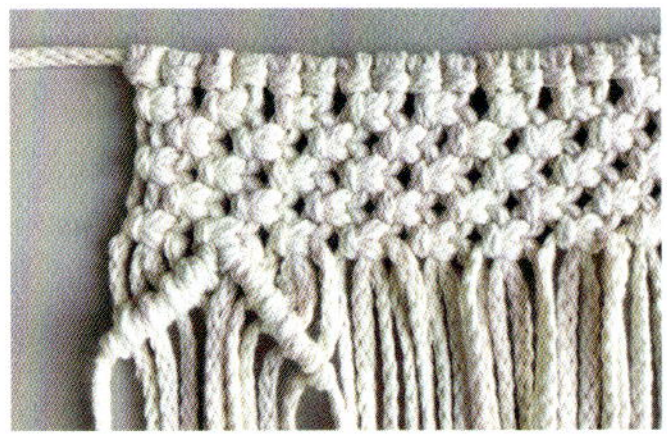

4 In der Mitte des Dreiecks folgt 1 Kreuzknoten.

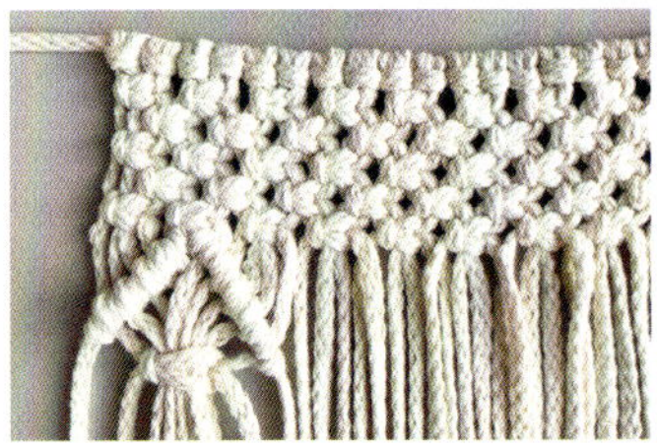

5 Nun werden die Rippenknoten auf beiden Seiten wieder mit je 4 Rippenknoten schräg zusammengeführt. Diesen Schritt wiederholen, bis insgesamt 4 „Diamanten“ geknüpft sind.

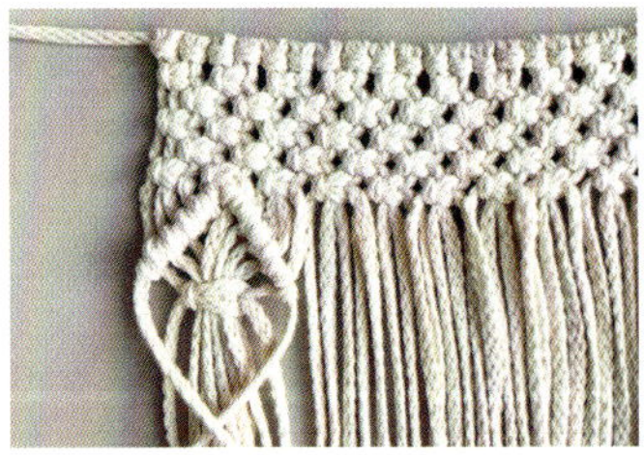

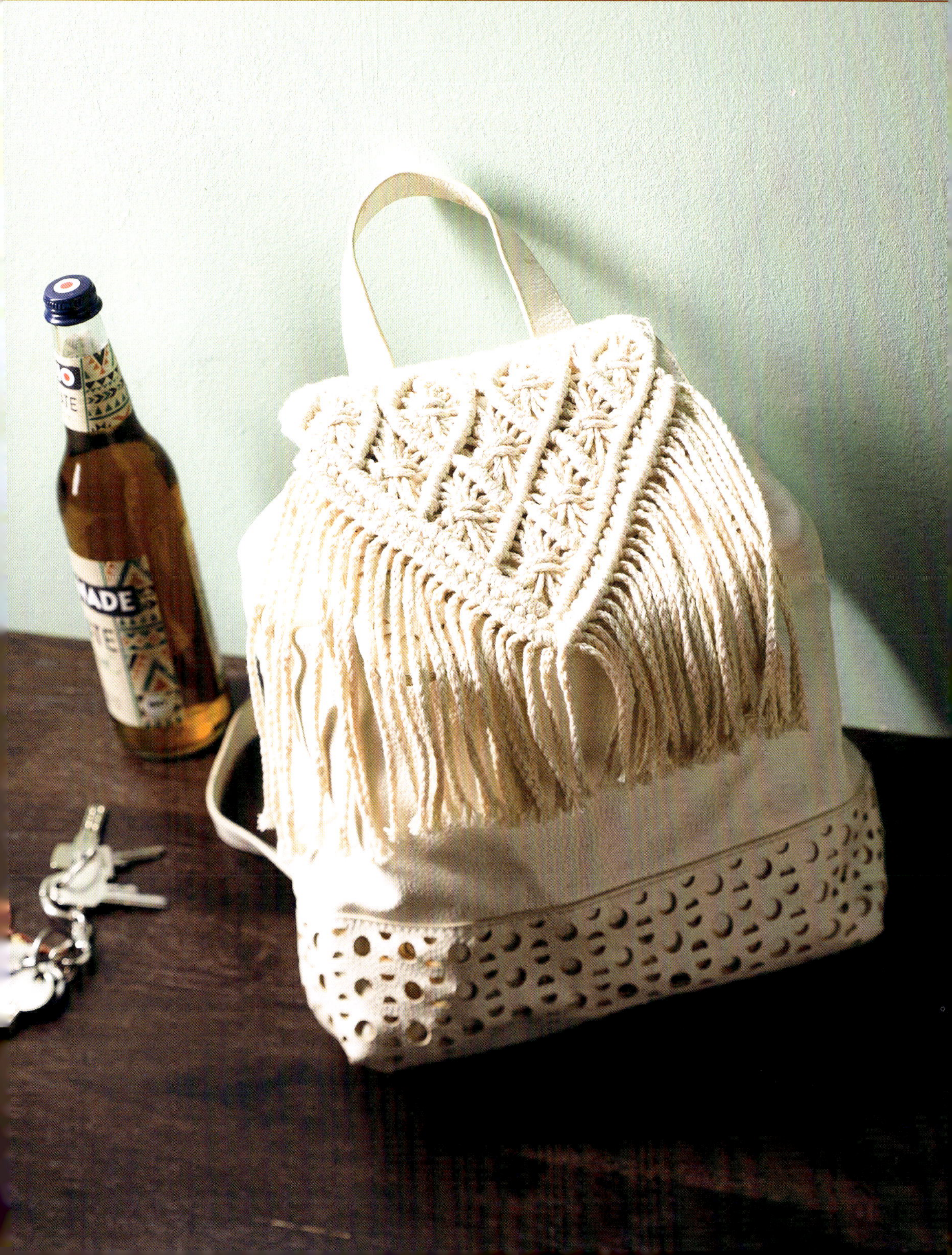

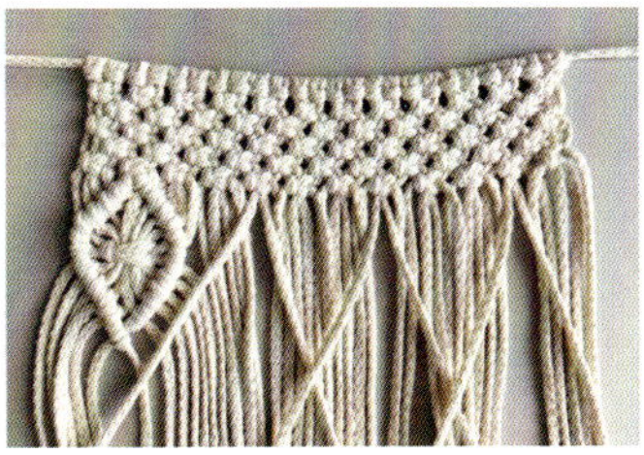

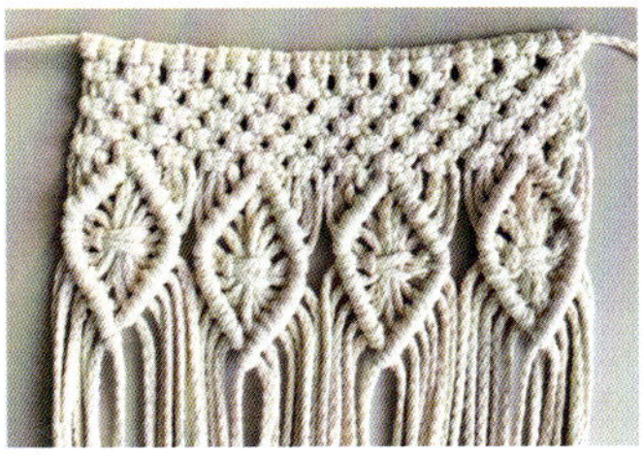

6 Zwischen jeden „Diamanten“ knotest du 1 Kreuzknoten.

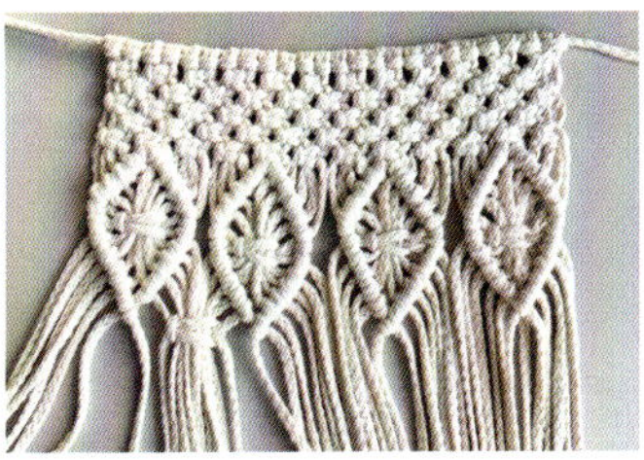

Danach werden anhand der Rippenknoten die 3 „Diamanten“ geschlossen.

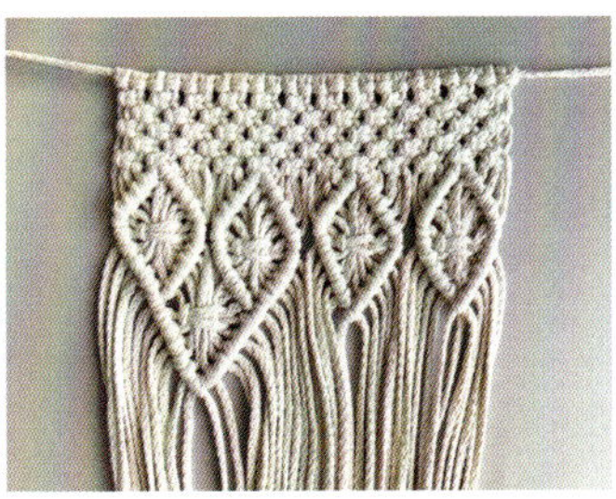

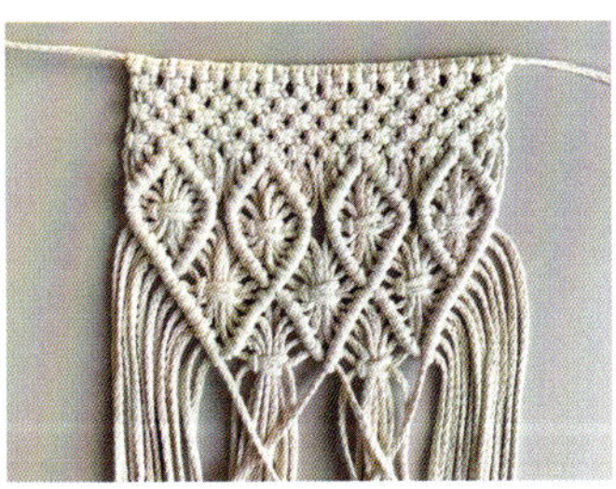

Wiederhole diesen Schritt, bis du die letzte Reihe mit 1 „Diamanten“ beendet hast.

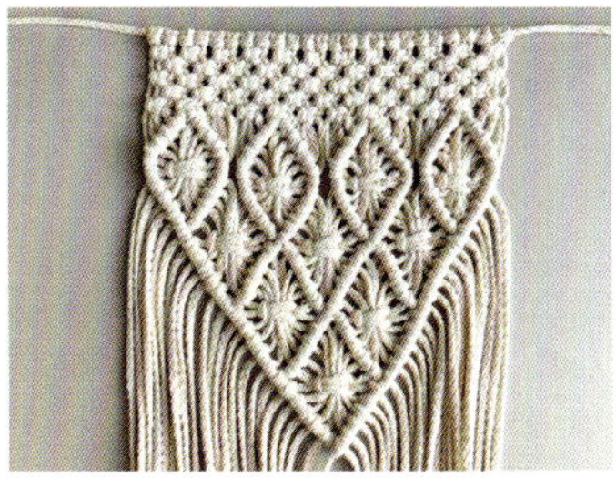

7 Wende nun das Werk und knote mit dem linken äußersten Garn 1 Reihe Rippenknoten schräg nach unten. Wiederhole den Schritt auf der rechten Seite.

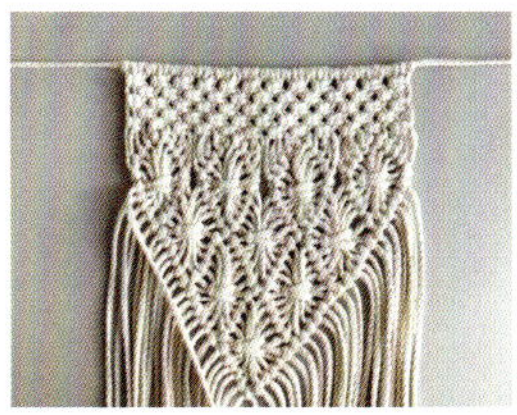

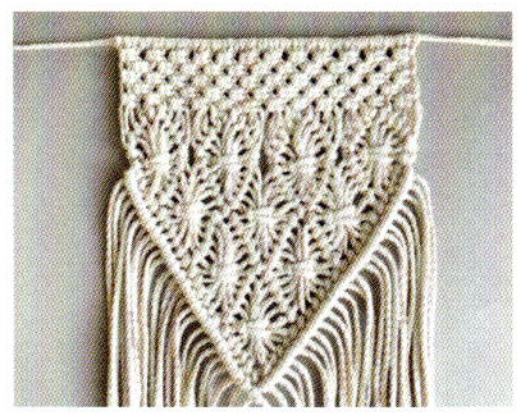

8 Wende das Werk erneut und knüpfe wieder mit dem äußeren Faden 1 Reihe Rippenknoten. Kürze die Garnenden auf die gleiche Länge und nähe oder klebe das Makramee auf die Klappe des Rucksacks.

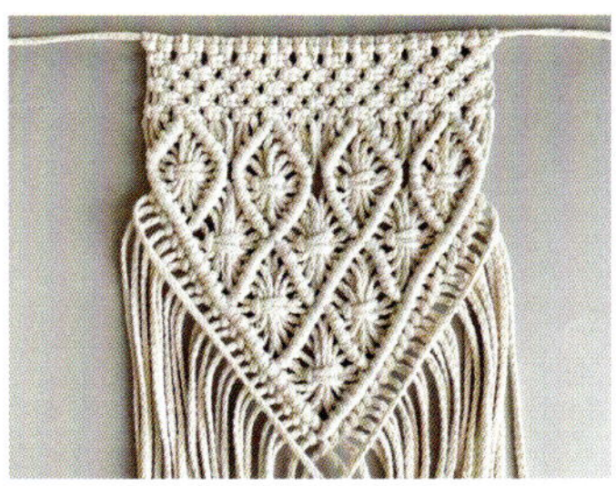

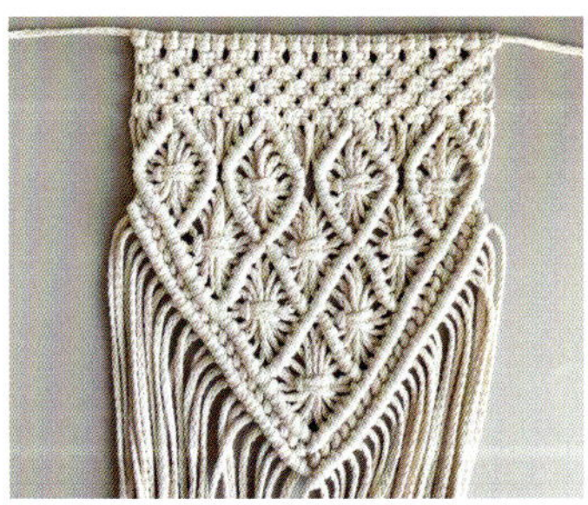

Einkaufsnetz

Zum Shoppen

MOTIVGRÖSSE
75 cm lang, 30 cm breit

MATERIAL
- 24 Baumwollfäden in Grau, gezwirnt, ø 4 mm, 3 m lang
- 4 Baumwollfäden in Grau, gezwirnt, ø 4 mm, 40 cm lang
- Schere
- Textilkleber

1 Lege 12 Baumwollfäden aufeinander. Befestige nach 1, 3 m 1 Wickelknoten.

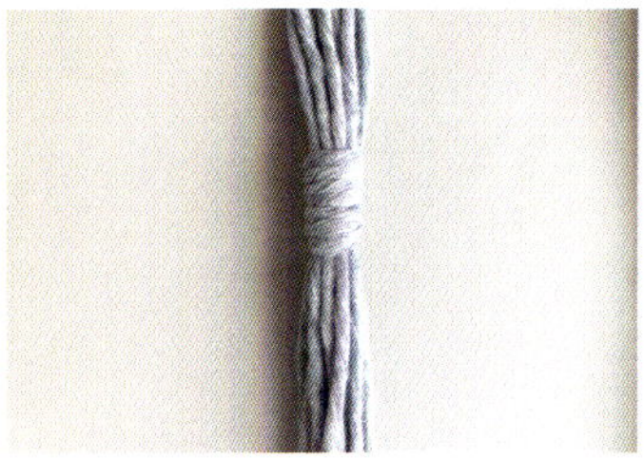

2 Nimm je 4 Stränge zusammen und flechte einen 70 cm langen Henkel. Befestige nach dem Flechten 1 Wickelknoten. Wiederhole diesen Schritt mit den anderen 12 Baumwollfäden.

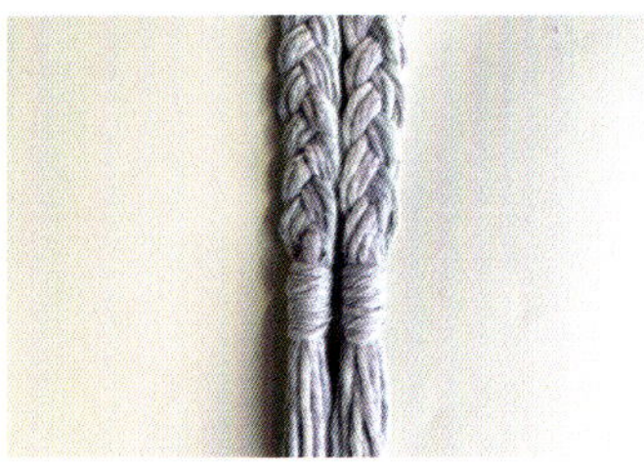

3 Nun knüpfst du nach 6 cm Abstand 1 Kreuzknoten. Wiederhole auch diesen Schritt, bis du insgesamt 6 Kreuzknoten pro Henkel hast.

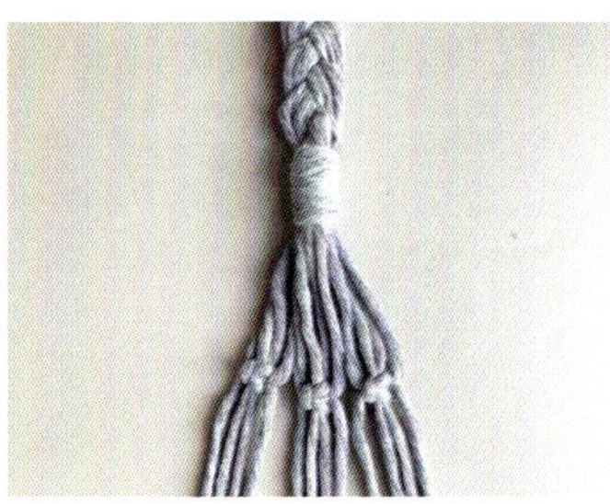

4 Verbinde die beiden Seitenteile mit 1 Kreuzknoten und knüpfe erneut 1 Reihe Kreuzknoten. Verbinde auch die gegenüberliegenden Seiten miteinander.

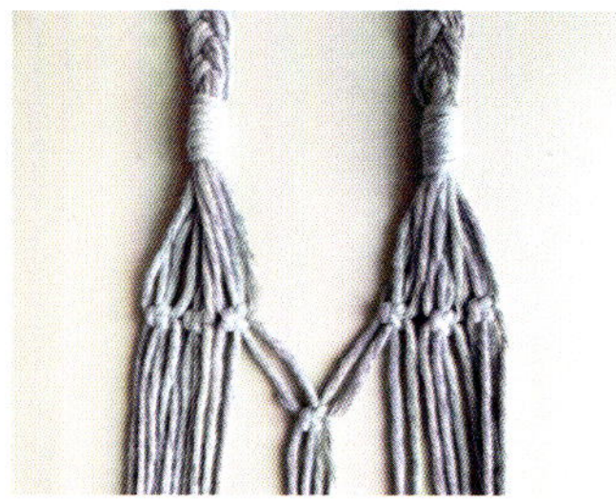

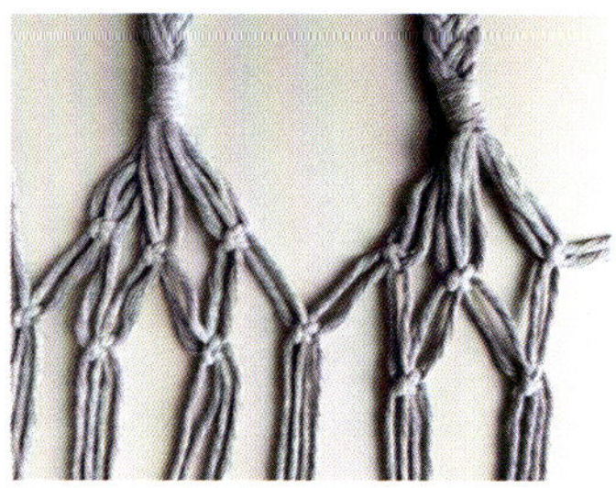

5 Es folgen weitere Reihen mit Kreuzknoten, bis du insgesamt 15 Reihen geknüpft hast. Halte dabei den Abstand von 2 cm ein – hier kann ein Platzhalter hilfreich sein.

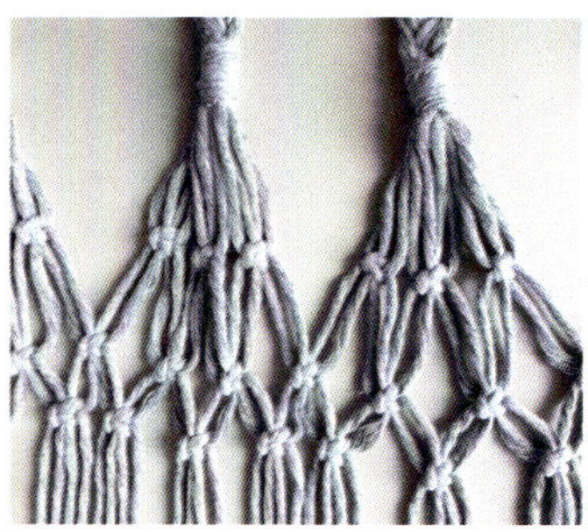

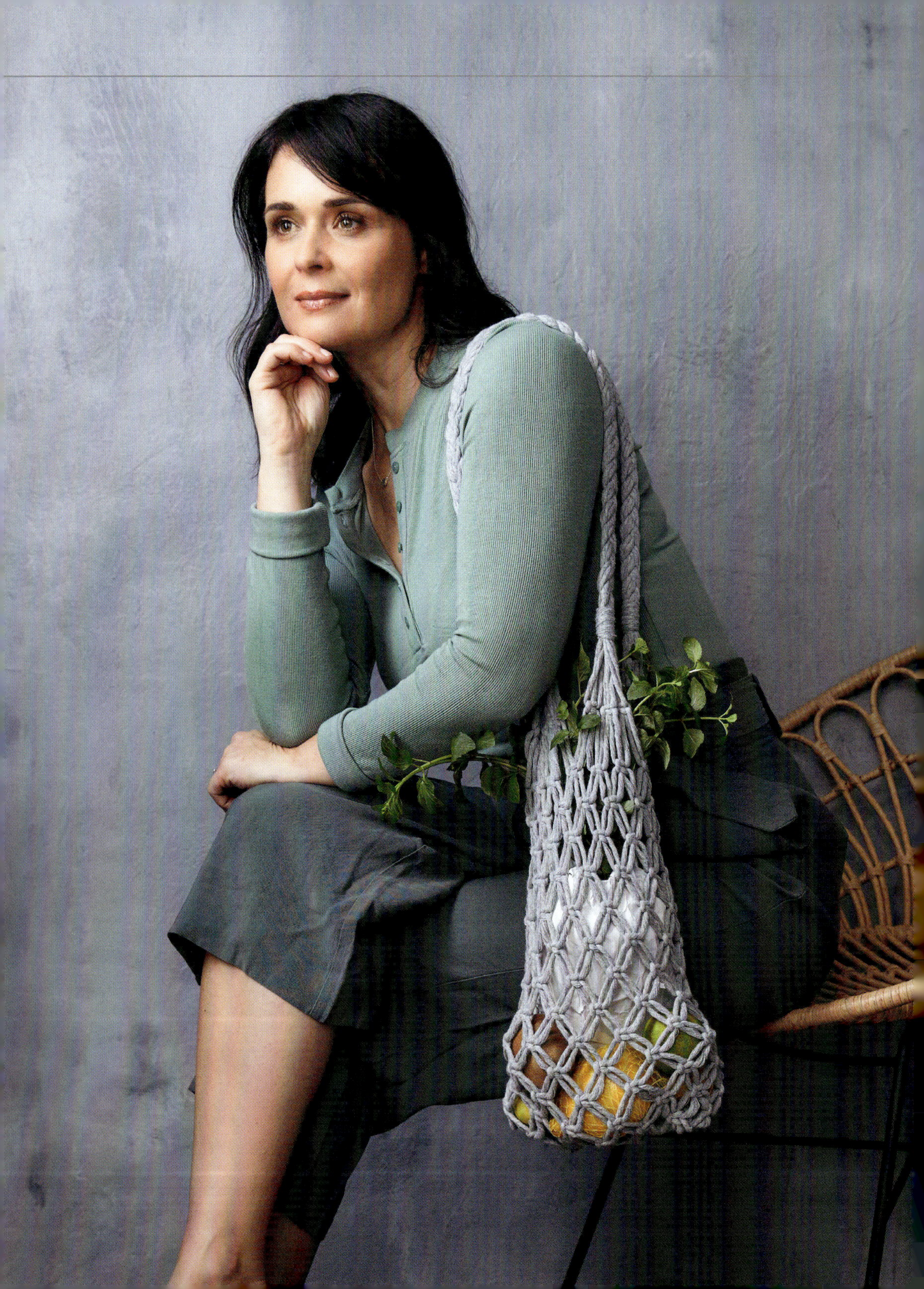

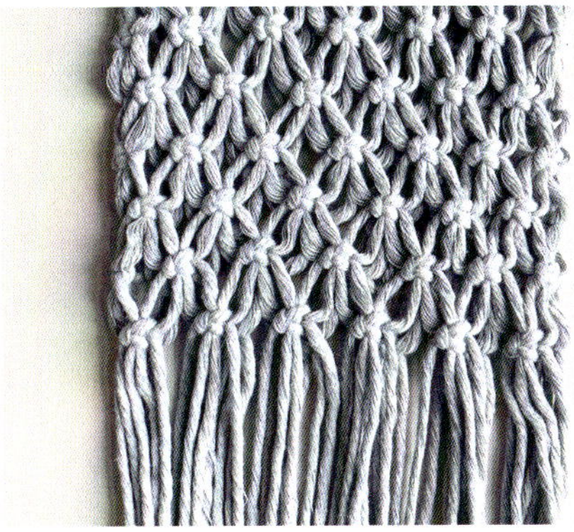

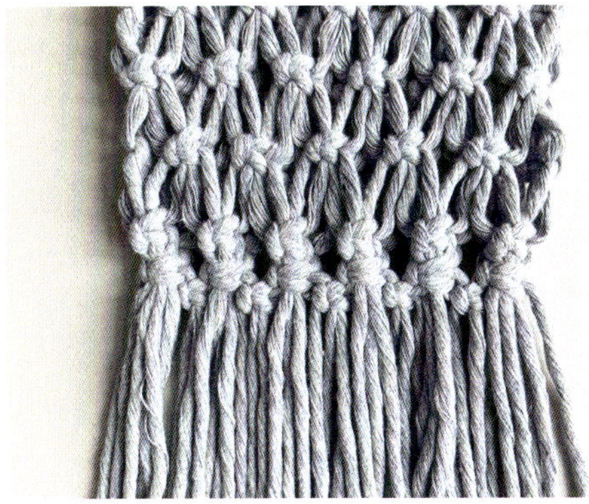

6 Die gegenüberliegenden Kreuzknoten werden nun zusammengenommen. Knote aus allen 8 Fäden 1 Kreuzknoten. Wiederhole diesen Schritt mit der gesamten Reihe.

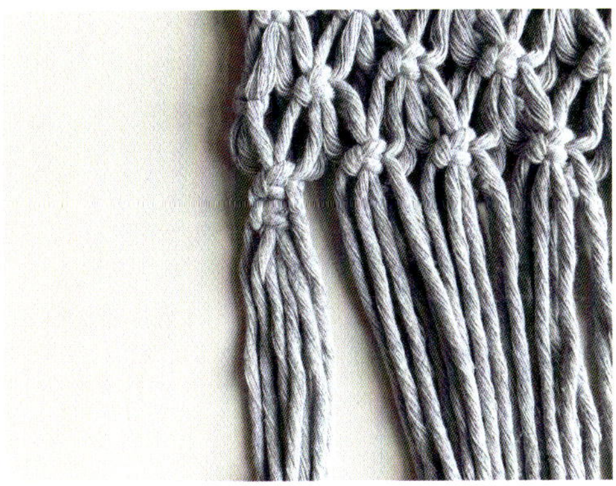

7 Es folgt 1 Reihe versetzter Kreuzknoten, hierfür kannst du wie gewohnt je 4 Fäden nehmen.

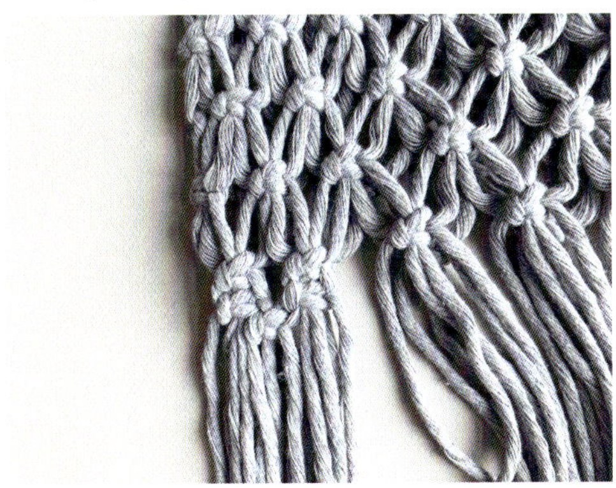

8 Die Enden werden kurz abgeschnitten und mit Textilkleber versiegelt. Drehe die Tasche auf die andere Seite, damit die Enden im Tascheninneren verschwinden.

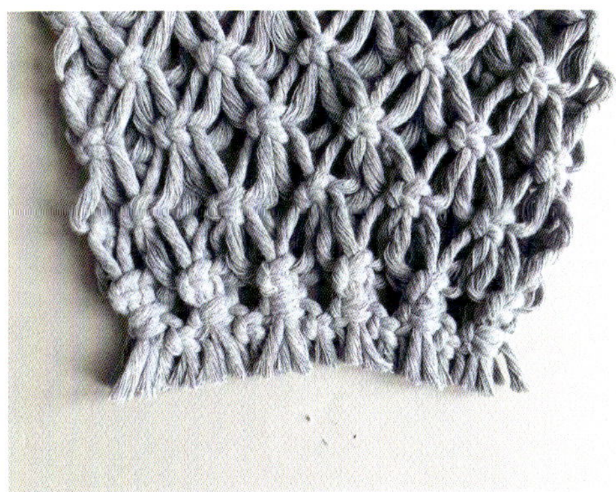

Mein Tipp für dich

Du kannst die Enden auch mit einem Wickelknoten abschließen und lang lassen, wie zum Beispiel bei der Tasche mit den Bambusgriffen auf Seite 40.

Kaffeebecher-Tasche

Coffee to go

MOTIVGRÖSSE
Breite ca. 20 cm, ø ca. 10 cm

MATERIAL

- 31 Baumwollfäden in Natur, geflochten, ø 3 mm, 1,6 m lang
- 1 Baumwollfaden in Natur, geflochten, ø 3 mm, 2,2 m lang
- 1 Baumwollfaden in Natur, geflochten, ø 3 mm, 70 cm lang
- 2 Baumwollfäden in Natur, geflochten, ø 3 mm, 40 cm lang
- 3 Baumwollfäden in Natur, geflochten, ø 3 mm, 3,1 m lang (für den Gurt)
- 2 Baumwollreste, ø 4 mm
- Schere
- Textilkleber

1 Befestige zuerst 1 Stück der Baumwollreste in der Mitte des 2,2 m langen Garns. Dieser wird als Platzhalter für den Taschengurt benötigt. Anschließend befestigst du die 31 Garnfäden mit 1 Ankerknoten links und rechts neben dem Platzhalter. 1 Seite hat dabei 1 Faden weniger. Ein weiterer Platzhalter wird nun auf der Seite mit den 16 Fäden befestigt.

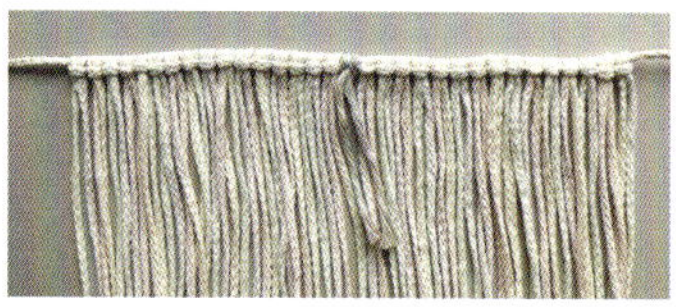

2 Knüpfe 1 Reihe Kreuzknoten. 1 Strang bleibt dabei frei.

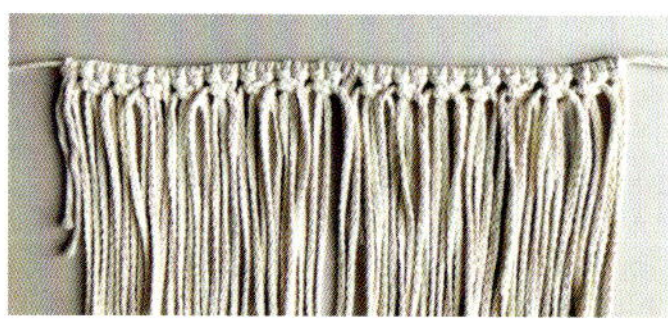

3 Falte jetzt die Knoten aufeinander und schließe die offene Seite mit 1 normalen Doppelknoten. Die Lücke wird mit 1 Kreuzknoten verschlossen.

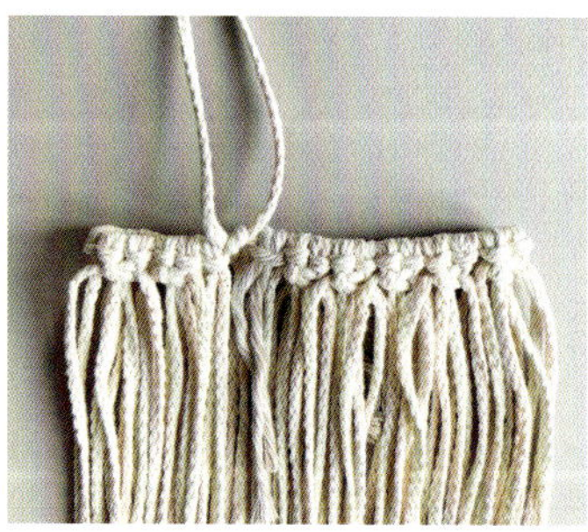

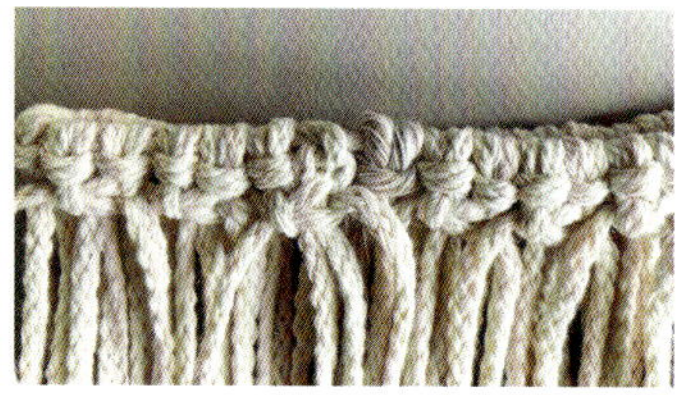

4 In der folgenden Reihe werden die Kreuzknoten versetzt geknotet. Diesen Schritt wiederholst du, bis insgesamt 4 Reihen mit Kreuzknoten fertig sind.

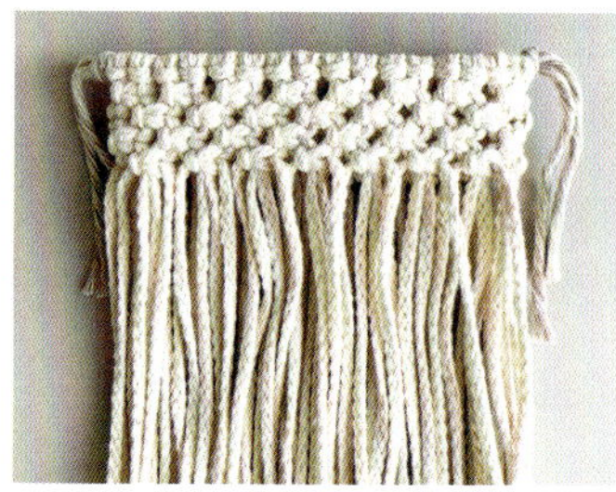

5 Nun ergeben je 2 Kreuzknoten 1 Dreieck.

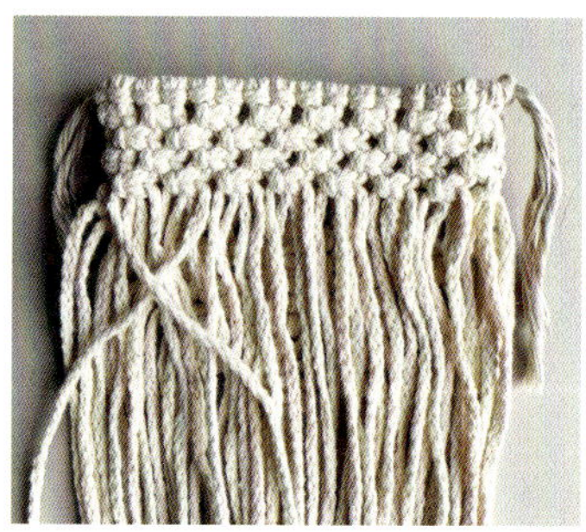

Knote also mit dem äußersten linken Strang 3 Rippenknoten schräg nach rechts. Daraufhin wird der äußerste Strang des 2. Kreuzknotens mit

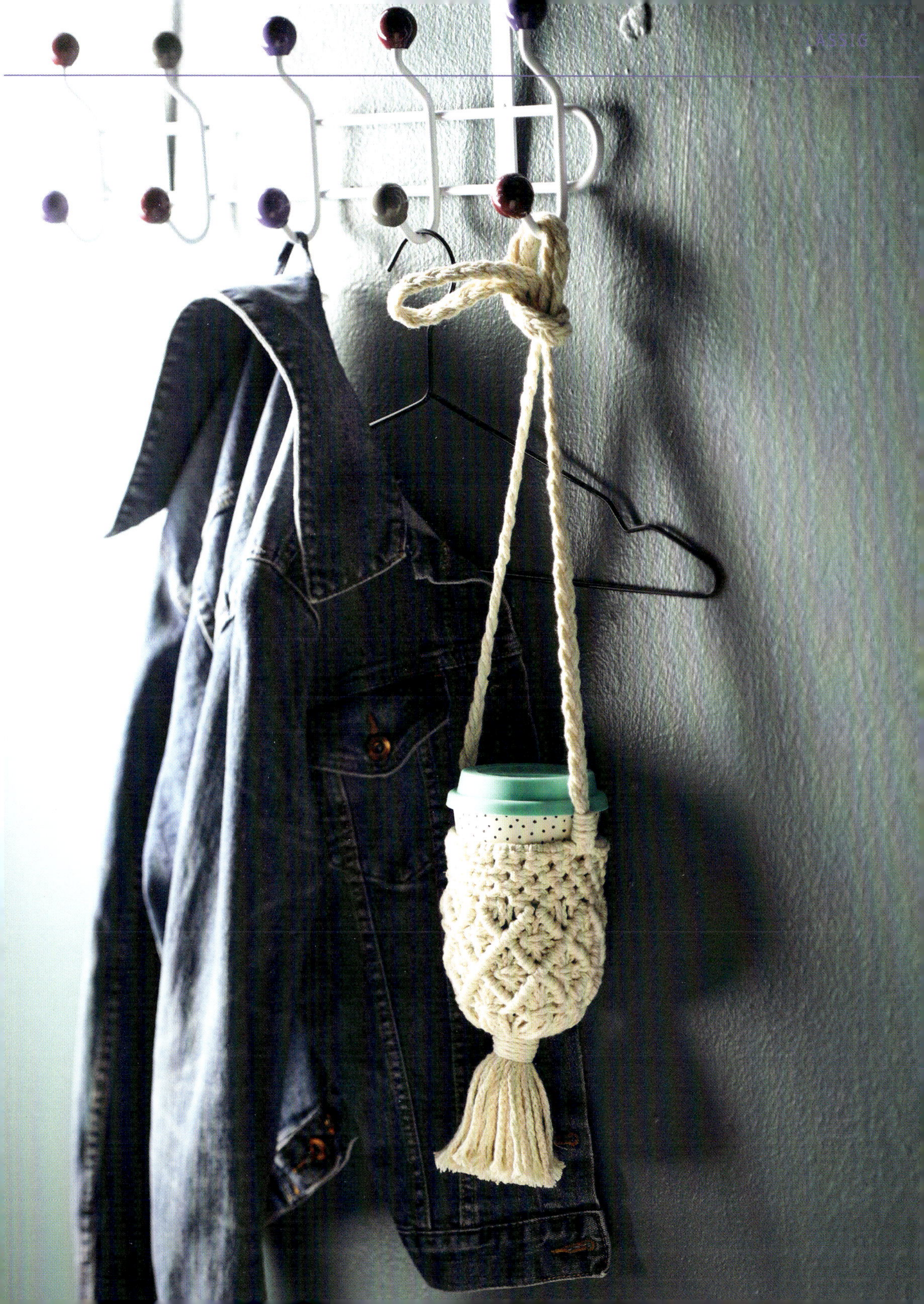

3 Rippenknoten nach links geknotet. Die Mitte des Dreiecks wird mit 1 Rippenknoten verbunden.

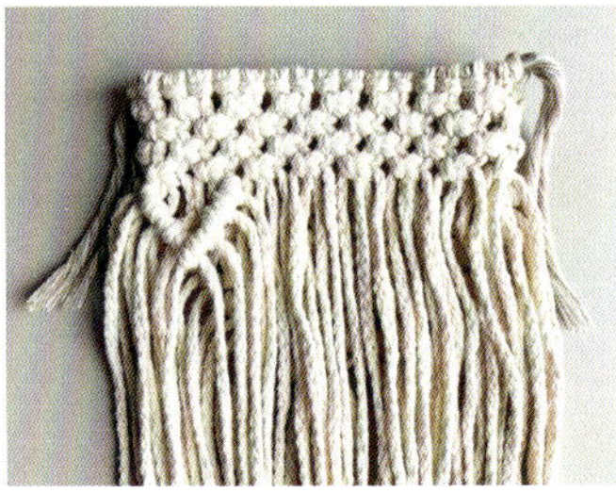

Wiederhole diesen Schritt mit den anderen Kreuzknoten, bis insgesamt 8 Dreiecke entstehen.

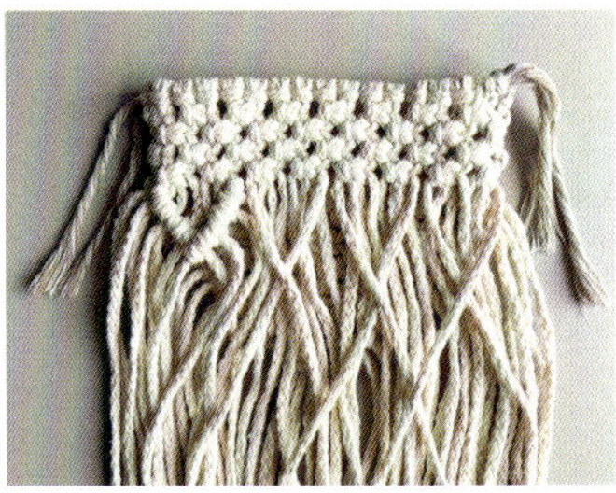

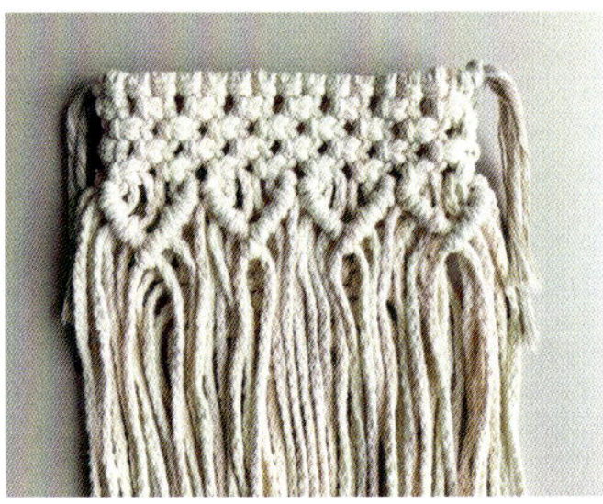

6 Knote in die Mitte der Dreiecke je 1 Kreuzknoten. Nimm hierfür den Faden neben dem Trägerfaden der Rippenknoten. Wiederhole diesen Schritt mit allen Dreiecken.

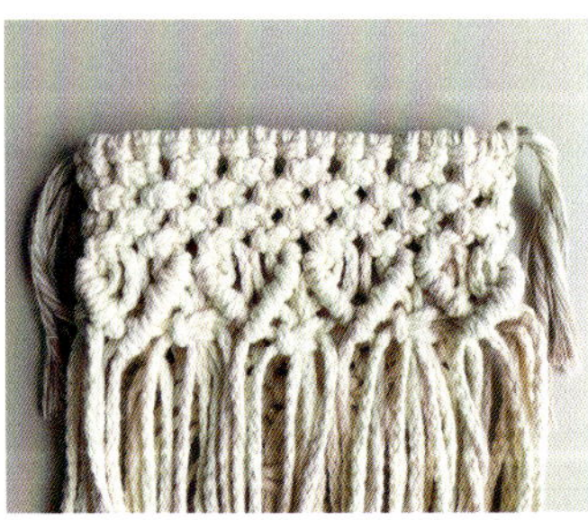

7 Anschließend werden die Rippenknoten auf beiden Seiten wieder schräg zusammengeführt, dabei entstehen sogenannte „Diamanten". Auch diesen Schritt wiederholen.

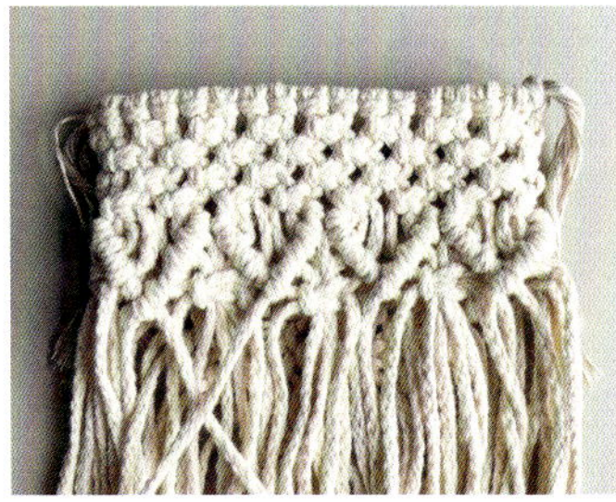

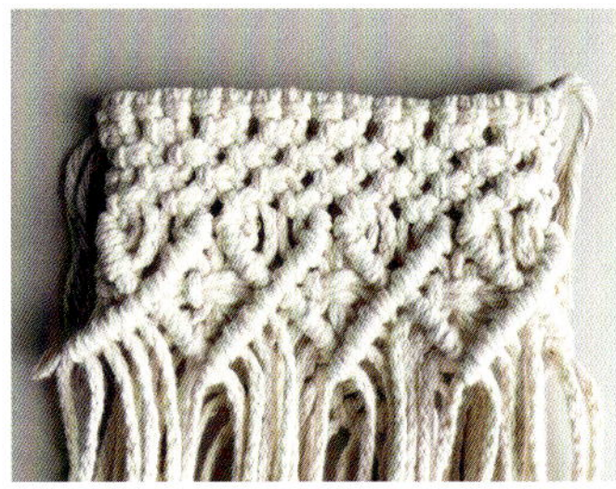

8 Es folgt 1 weitere Reihe mit Kreuzknoten und Rippenknoten, wodurch erneut „Diamanten" entstehen.

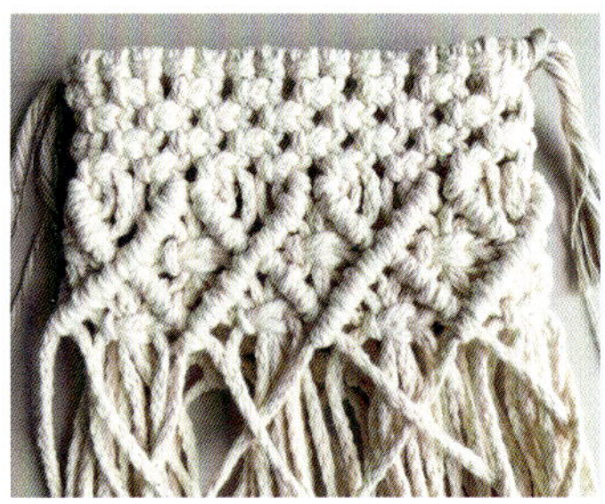

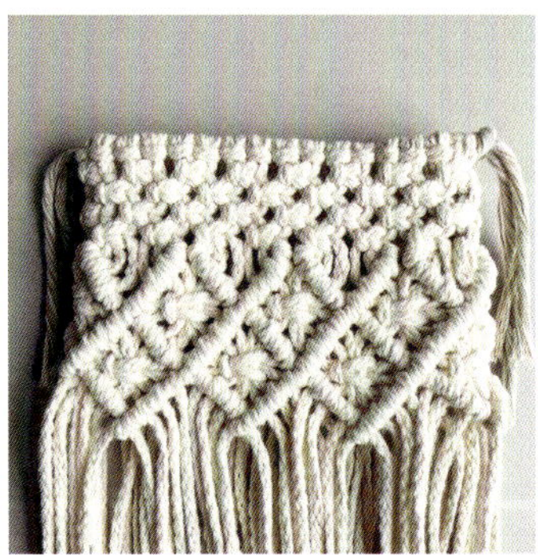

9 Nach 2 Reihen „Diamanten“ knüpfst du ein letztes Mal Kreuzknoten zwischen die Rippenknoten.

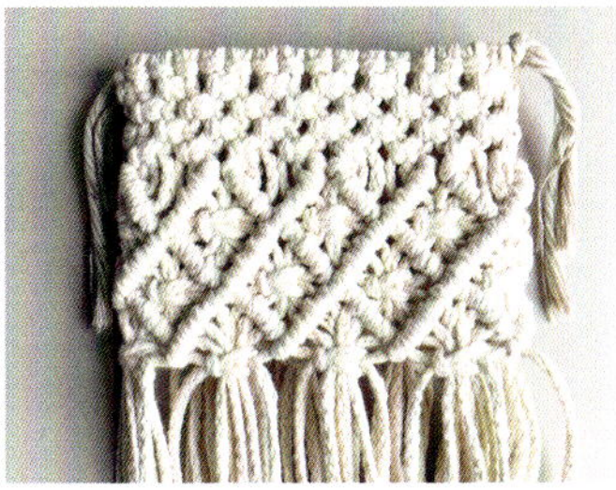

Geschlossen wird die Tasche mit 1 Wickelknoten. Schneide die Enden nach Belieben ab.

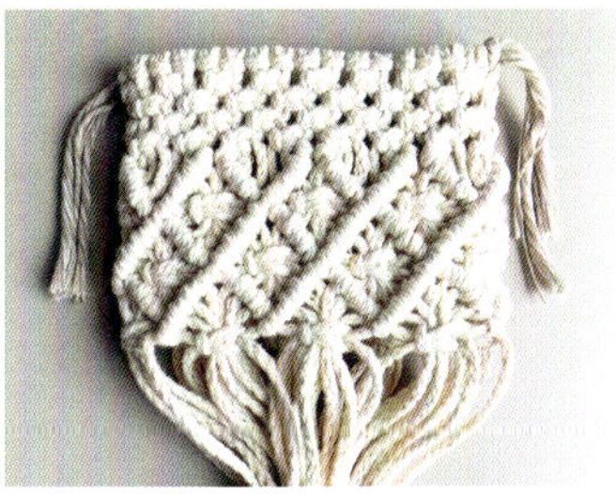

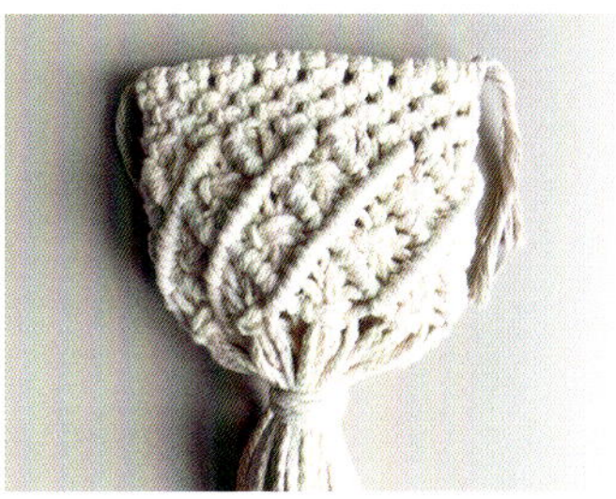

10 Entferne für den Taschengurt beide Platzhalterfäden. Ziehe die 3 Baumwollfäden bis zur Hälfte durch 1 der Lücken und befestige die Fäden mit dem Wickelknoten.

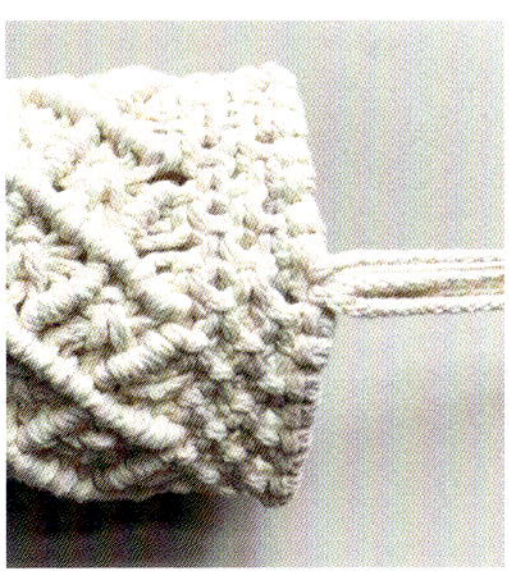

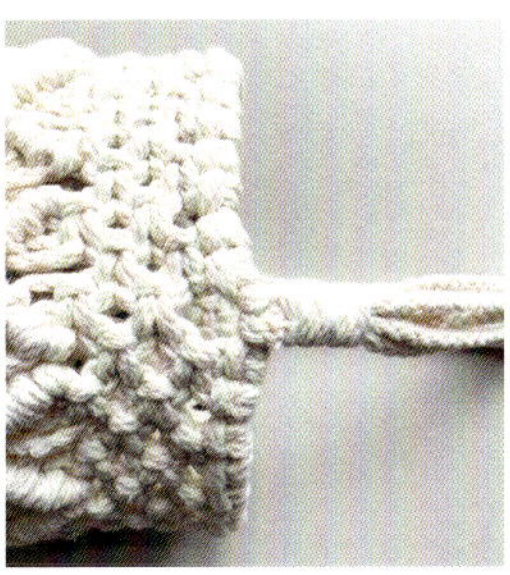

11 Nimm nun je 2 Stränge zusammen und flechte diese, bis etwa 6 cm zum Ende übrig sind.

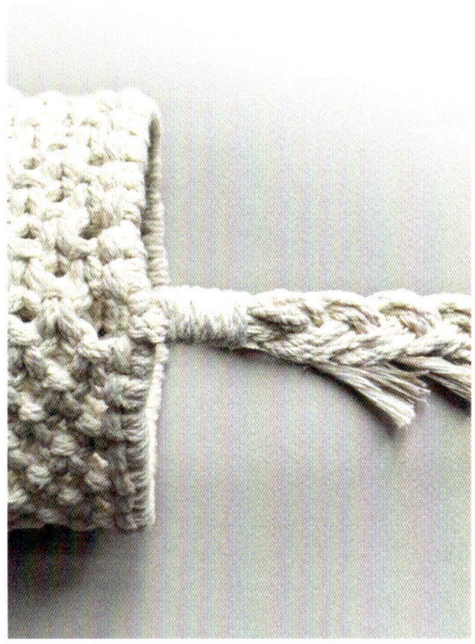

12 Ziehe die Endfäden durch die Lücke der Tasche. Trage den Textilkleber auf das Garn auf und drücke die einzelnen Fäden auf dem Kleber fest. Der Gurt wird mit 1 Wickelknoten abgeschlossen.

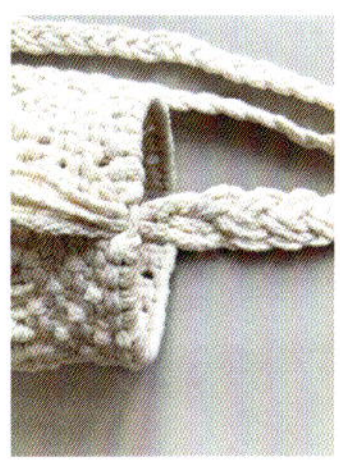

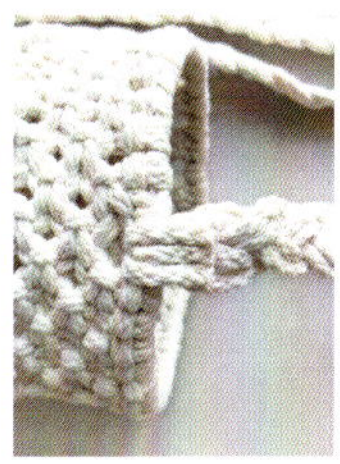

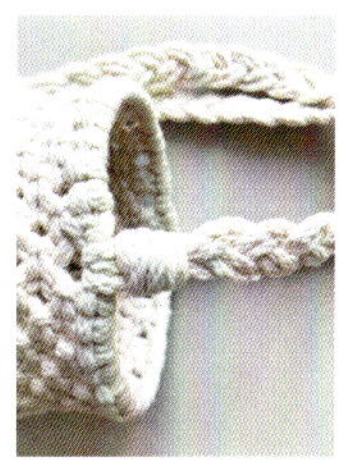

Mein Tipp für dich

Du kannst auch alle weiteren Taschengurte für die Kaffeebecher-Tasche verwenden. Suche dir einen passenden auf Seite 57–63 aus.

Große Umhängetasche

Für alle Fälle gewappnet

MOTIVGRÖSSE
Breite ca. 44 cm, Länge ca. 34 cm

MATERIAL

- 74 Baumwollfäden in Natur, geflochten, ø 3 mm, 3 m lang
- 2 Baumwollfäden in Natur, geflochten, ø 3 mm, 3,5 m lang
- 2 Baumwollfäden in Natur, geflochten, ø 3 mm, 1,2 m lang
- 10 Baumwollfäden in Natur, geflochten, ø 3 mm, 60 cm lang
- Schere
- Textilkleber
- Faden in Beige
- Nähnadel
- Druckknopf
- Karabiner für den Gurt

1 Befestige 36 Baumwollfäden mit dem Ankerknoten auf 1 3,5 m langen Faden. Wiederhole diesen Schritt mit den anderen 3 m und 3,5 m langen Garnsträngen.

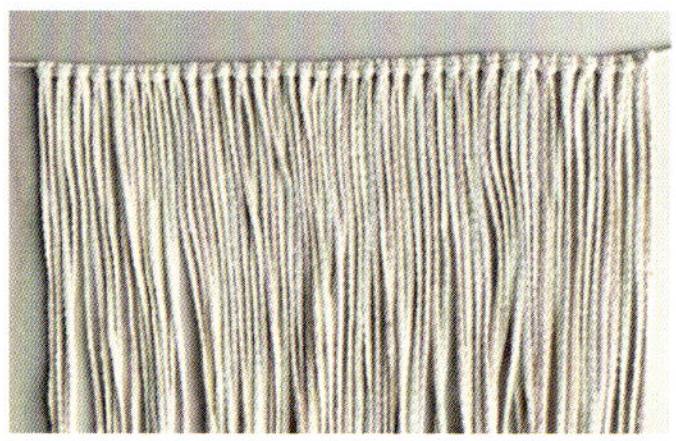

2 Nun werden die Seiten miteinander verbunden, indem du je beide Enden übereinander und 1 Faden mit 3 m anhand des Ankerknotens befestigst.

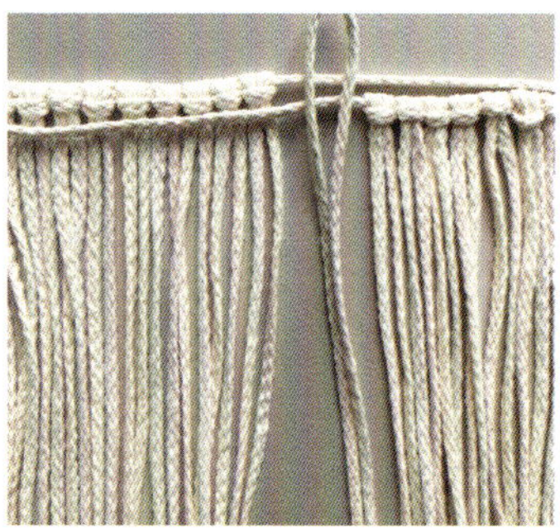

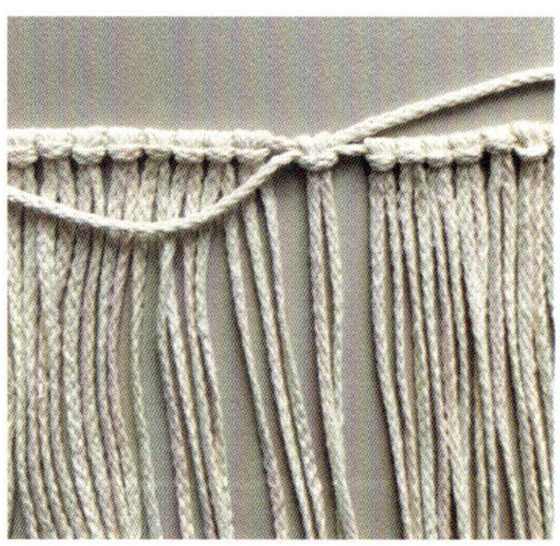

Ziehe den linken und rechten Faden fest und knote mit diesen Fäden 1 Kreuzknoten um das neue Garn. Dieser Schritt wird auf der anderen offenen Seite wiederholt.

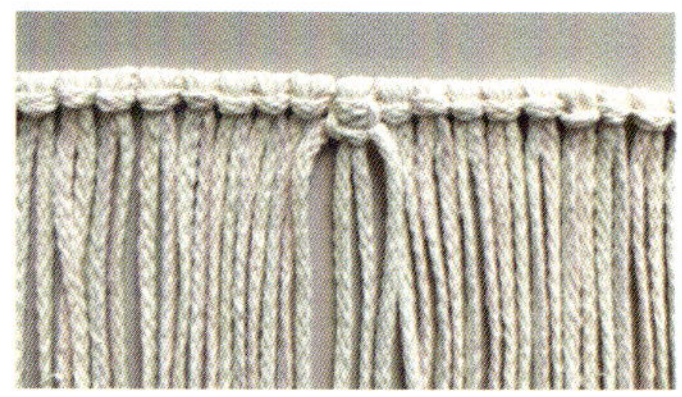

3 Knote mit allen Fäden 1 Reihe Kreuzknoten.

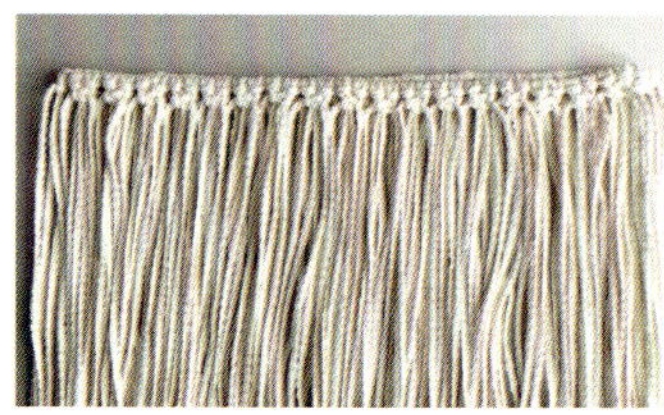

4 In der folgenden Reihe werden die Kreuzknoten versetzt geknüpft. Wiederhole diesen Schritt, bis du insgesamt 10 Reihen Kreuzknoten hast.

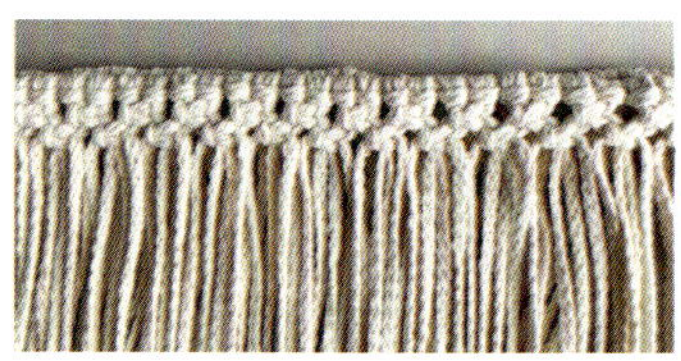

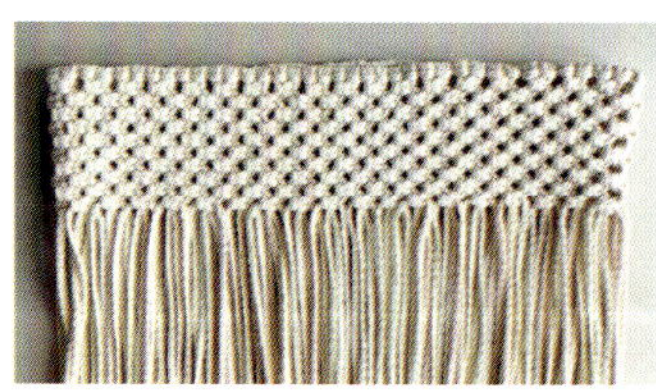

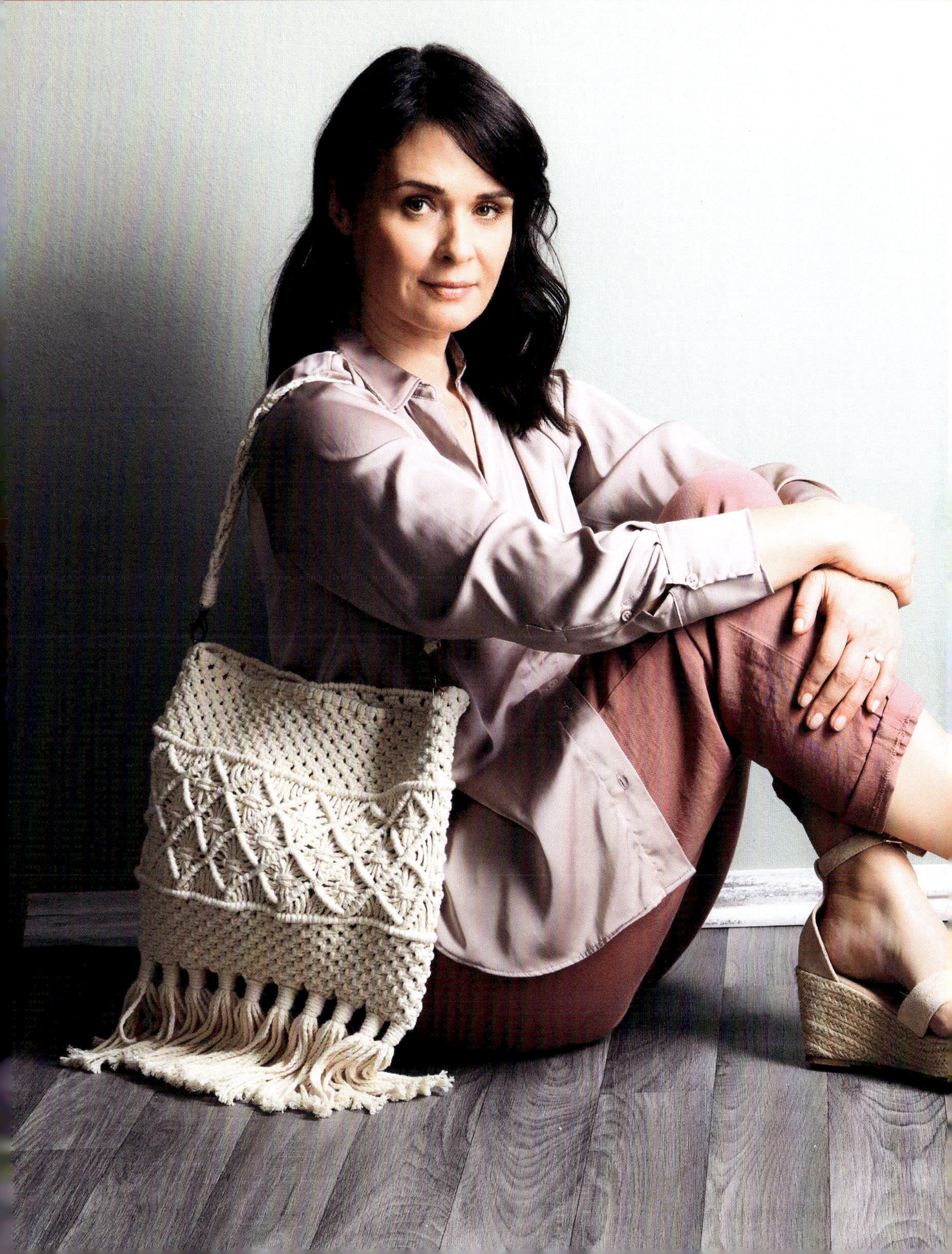

5 Nimm 1 Faden mit 1,2 m Länge und befestige diesen mit 1 Rippenknoten unterhalb der Kreuzknoten.

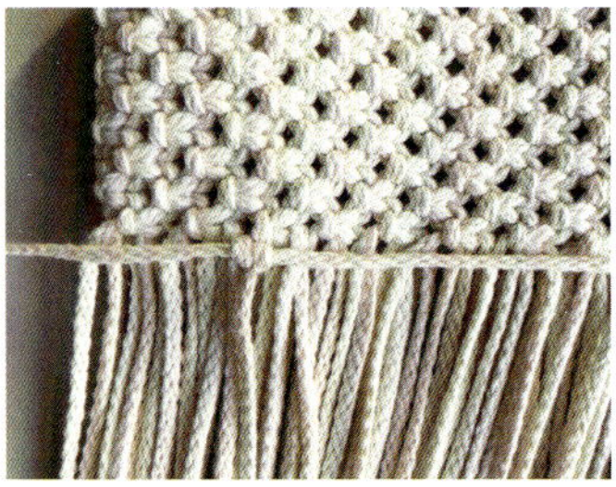

Knüpfe 1 komplette Reihe Rippenknoten, bis du beim letzten freien Strang angekommen bist.

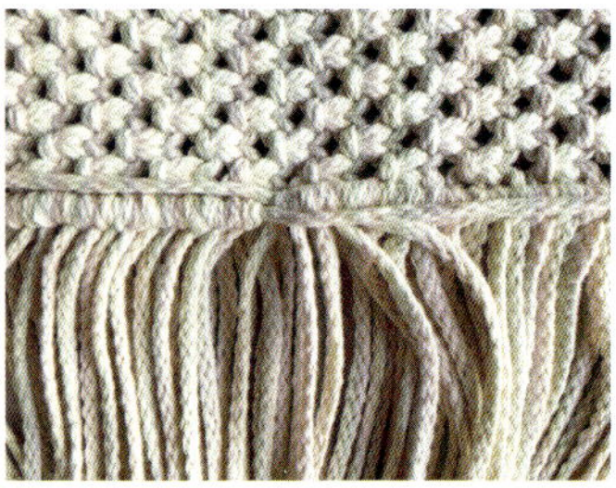

Die Runde wird abgeschlossen, indem du den Anfangs- und Endfaden parallel übereinanderlegst und mit dem letzten freien Strang um diese beiden Fäden 1 Rippenknoten befestigst. Der Anfangs- und Endfaden kann auf der Innenseite der Tasche vernäht oder verklebt werden.

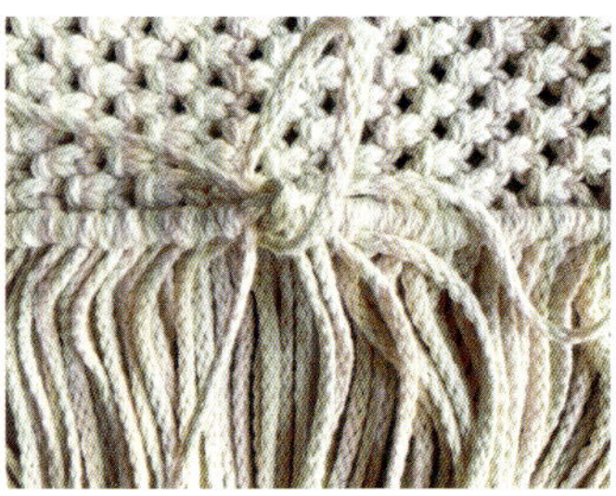

6 Nun werden auf der Vorderseite der Tasche die „Diamanten" geknotet. Dafür nimmst du den 6. Garnfaden von links und knotest 5 Rippenknoten schräg nach links unten. Mit dem 7. Garnfaden von links knotest du ebenfalls 5 Rippenknoten schräg nach rechts unten. Es ergeben also je 12 Stränge 1 „Diamanten".

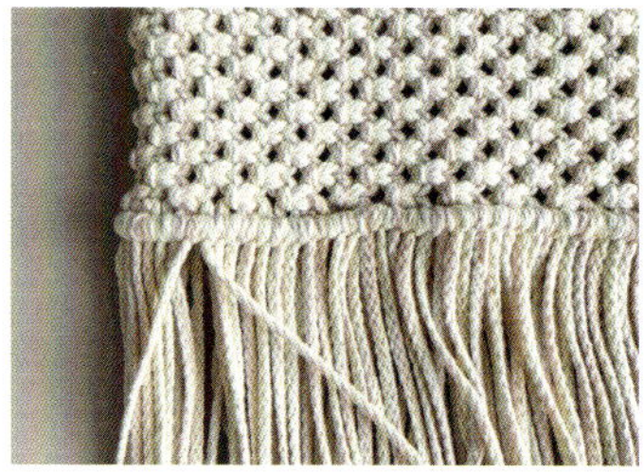

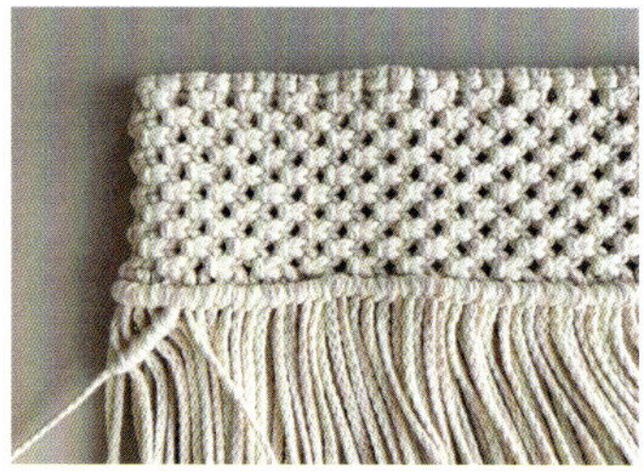

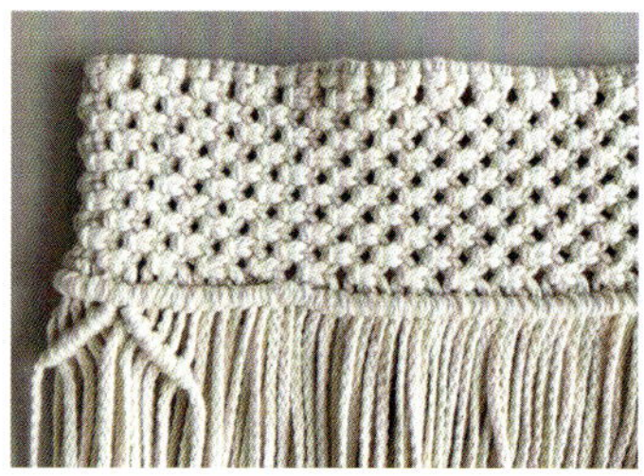

7 Wiederhole diesen Schritt mit der kompletten Vorderseite, bis du 6 Dreiecke für die „Diamanten" geknotet hast. Verbinde die nebeneinanderliegenden Reihen mit je 1 Rippenknoten.

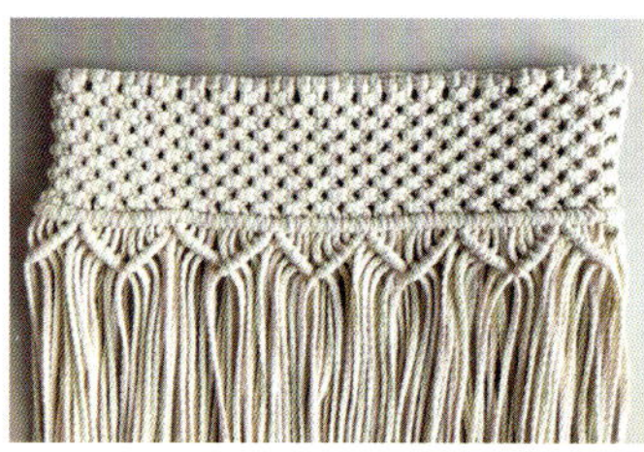

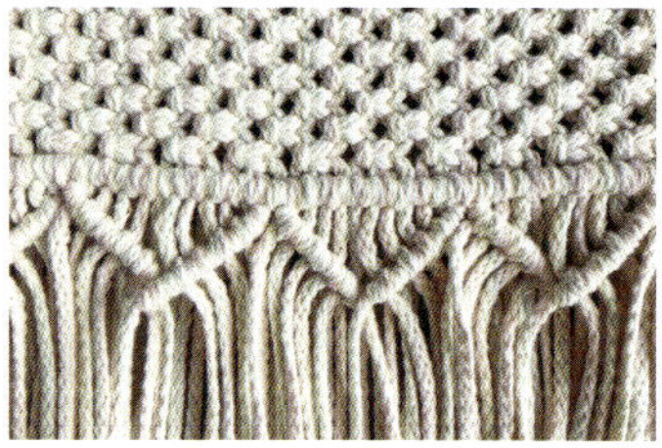

8 Knote in jede Mitte 1 Kreuzknoten mit dem vorletzten Garnstrang. Schließe die „Diamanten" mit je 5 Rippenknoten auf jeder Seite.

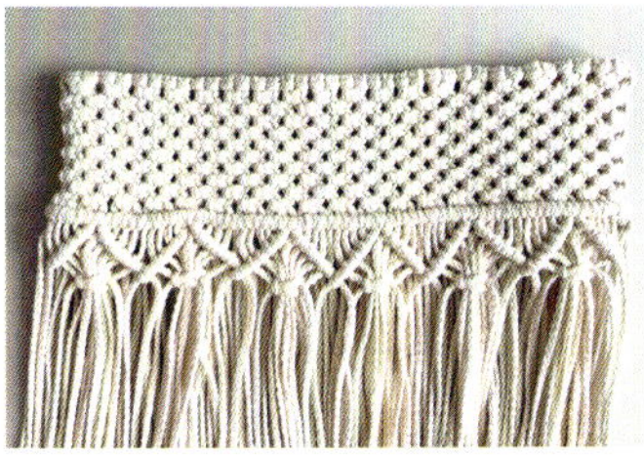

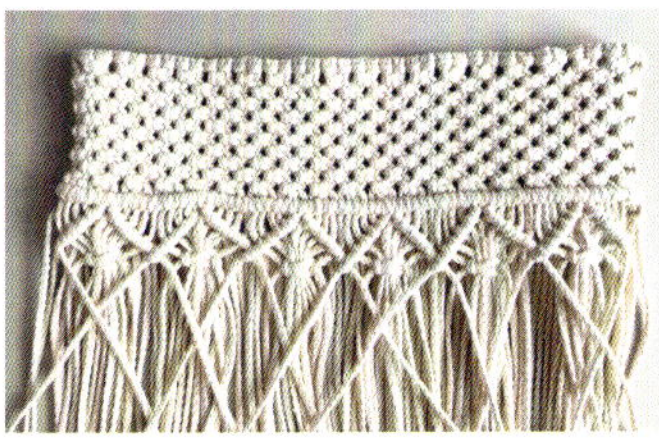

9 Nun folgen 5 Kreuzknoten in der jeweiligen Mitte.

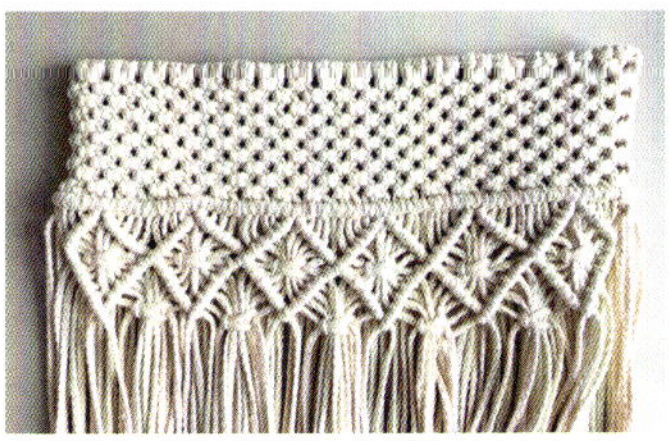

Danach schließt du die „Diamanten" wieder mit je 5 Rippenknoten. Wiederhole diese Schritte, bis du 3 Reihen mit „Diamanten" geknotet hast.

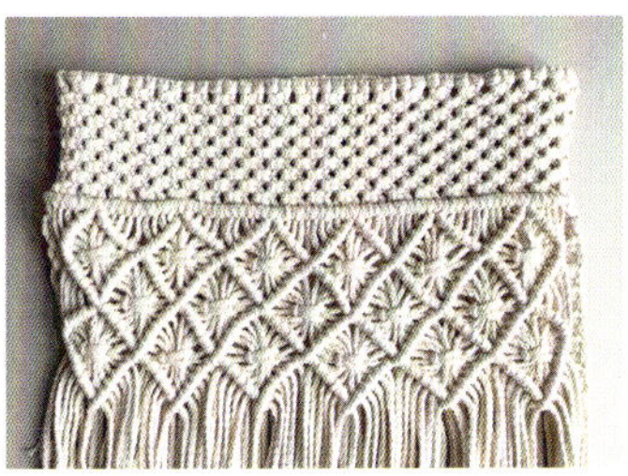

10 Auf der Rückseite knotest du 16 Reihen versetzter Kreuzknoten.

11 Wiederhole nun Schritt 5 mit 1 Reihe Rippenknoten und dem 1,2 m langen Garn, das die Vorder- und Rückseite wieder miteinander verbindet.

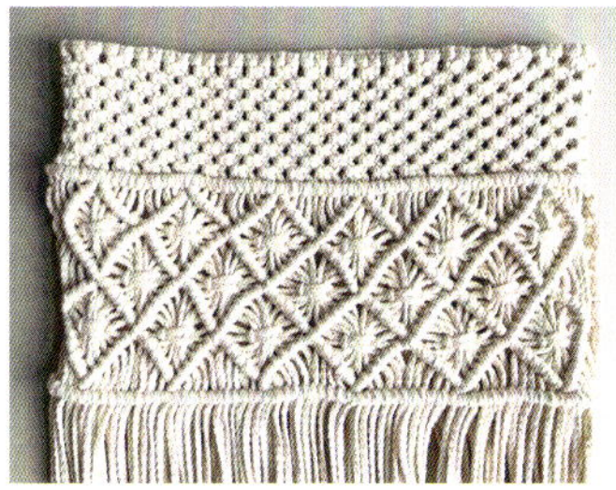

12 Die Lücke zwischen den „Diamanten" und den Kreuzknoten an der Seitenwand kann mit wenigen Stichen zusammengenäht werden.

13 Schließlich folgen 10 Reihen versetzter Kreuzknoten, wie zu Beginn.

14 Das Ende der Tasche wird mit 10 Wickelknoten abgeschlossen. Nimm hierfür auf der linken Seite die gegenüberliegenden 2 Kreuzknoten und den der Seitenwand und verbinde diese mit dem Wickelknoten. Wiederhole diesen Schritt auf der rechten Seite. Alle weiteren Wickelknoten werden aus je 4 Kreuzknoten zusammengeknotet. Schneide die Enden nach Belieben ab. Verschiedene Taschengurte findest du auf Seite 57–63.

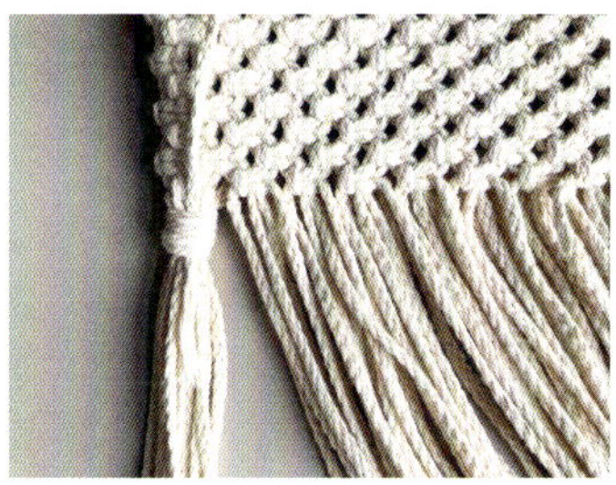

Mein Tipp für dich

Bringe einen Druckknopf an, um die Tasche sicher verschließen zu können.

Kleine Umhängetasche

Zum Ausgehen

MOTIVGRÖSSE
ca. 20 cm breit, 16 cm hoch

MATERIAL

- 20 Baumwollfäden in Altrosa, gezwirnt, ø 4 mm, 3 m lang
- 1 Baumwollfaden in Altrosa, gezwirnt, ø 4 mm, 1,8 m lang
- 6 Baumwollfäden in Altrosa, gezwirnt, ø 4 mm, 40 cm lang
- Schere
- Karabiner für den Gurt
- Kamm
- Optional Häkelnadel

1 Alle 20 Garne werden anhand des Ankerknotens an dem kurzen Baumwollfaden befestigt.

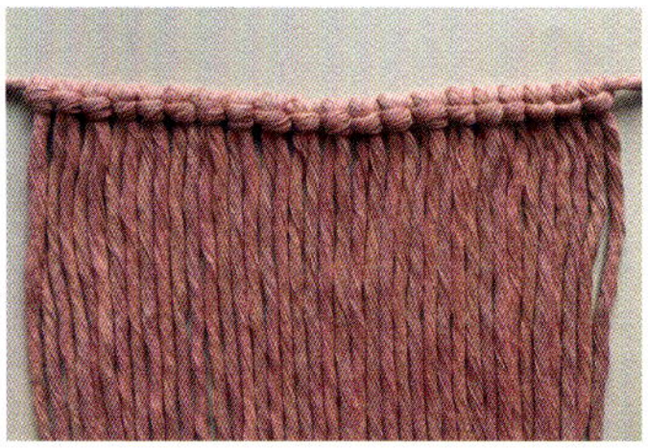

2 Nun folgt 1 Reihe Kreuzknoten.

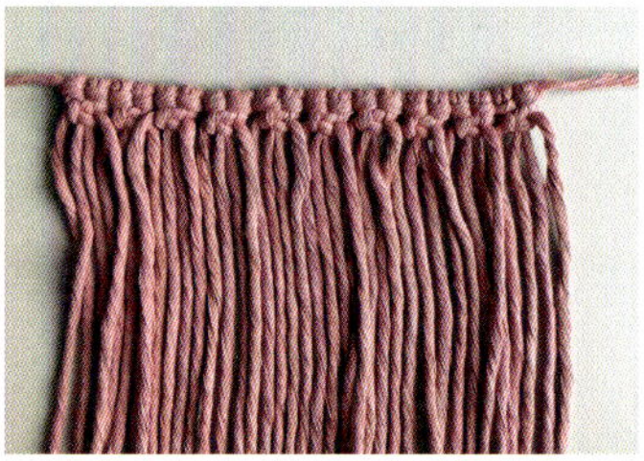

3 In der nächsten Reihe werden die Kreuzknoten versetzt in die Lücken geknotet. Wiederhole diesen Schritt, bis du insgesamt ca. 34 cm Länge hast.

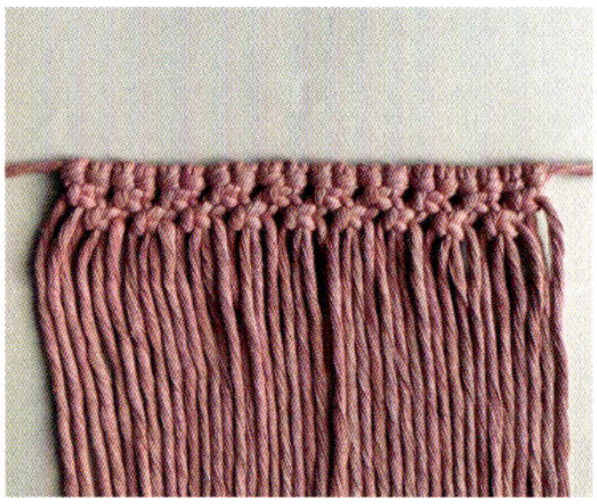

4 Das Rechteck wird nun auf 14 cm gefaltet.

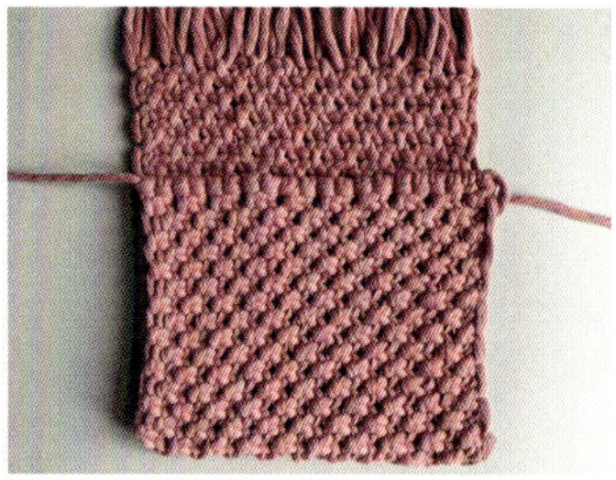

5 Mit dem äußeren Garn werden die Seiten geschlossen, indem du das Garn durch die Ösen des Kreuzknotens fädelst. Hierbei kann eine Häkelnadel helfen.

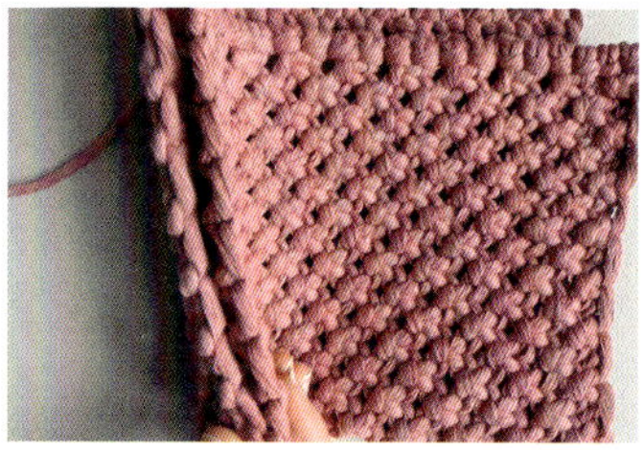

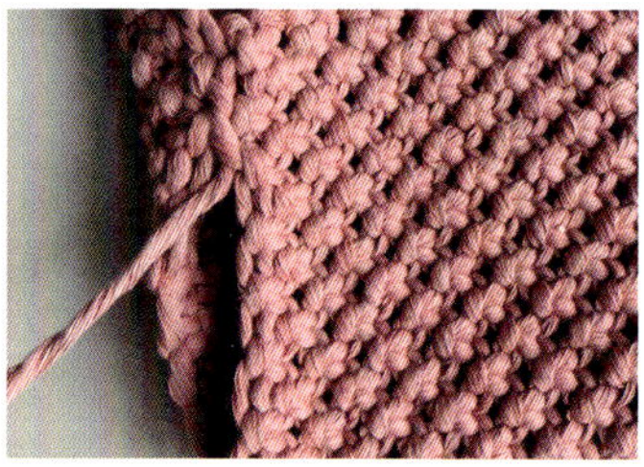

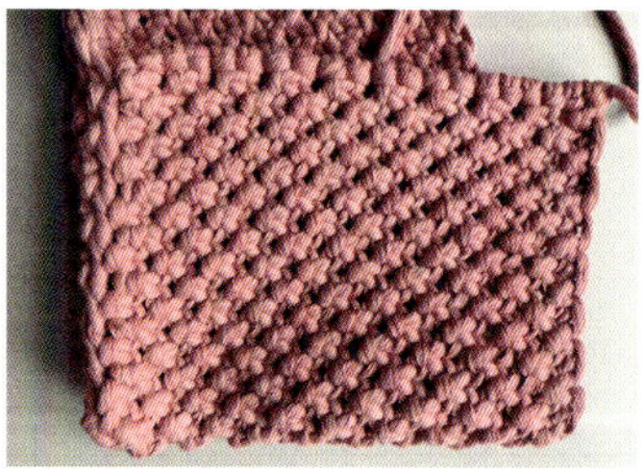

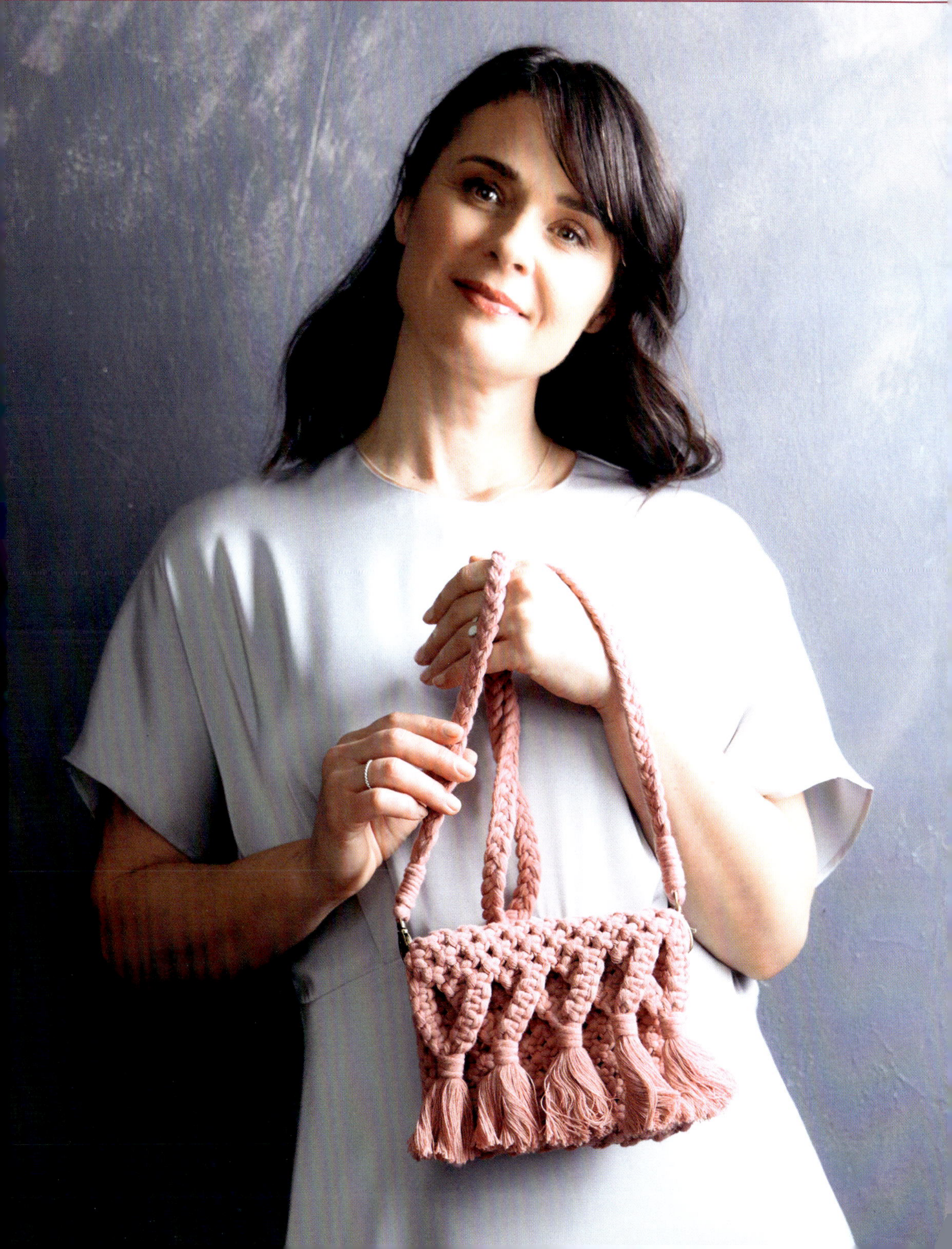

Wiederhole diesen Schritt auf der anderen Seite. Die Enden kannst du im Inneren der Tasche verknoten.

6 Die überschüssigen Reihen der Kreuzknoten werden nun über die Öffnung gefaltet.

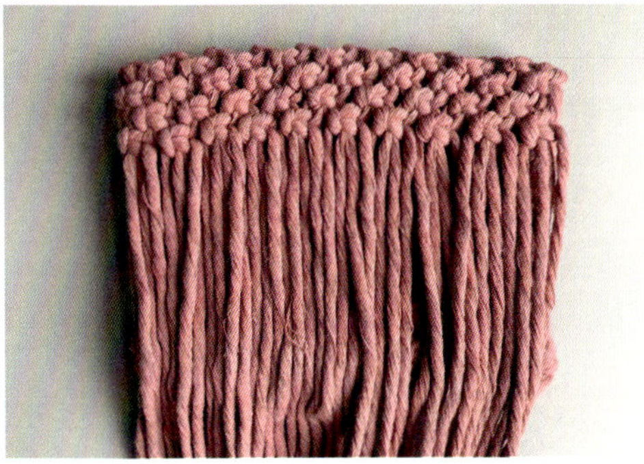

Anschließend werden unter jedem Kreuzknoten 4 weitere Kreuzknoten geknüpft.

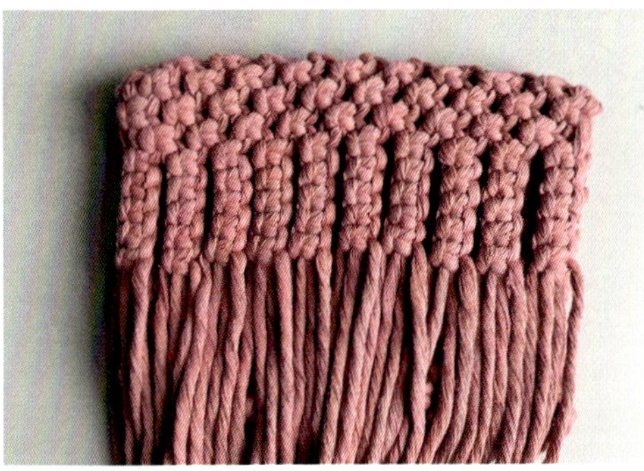

7 Je 2 Reihen Kreuzknoten werden nun mit 1 Wickelknoten zusammengenommen. Lasse hierbei immer 1 Reihe dazwischen aus.

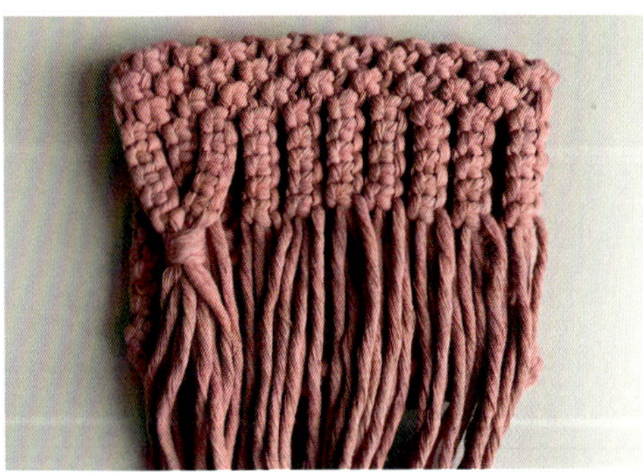

8 Schneide die Enden gleichmäßig ab und kämme die Fransen aus.

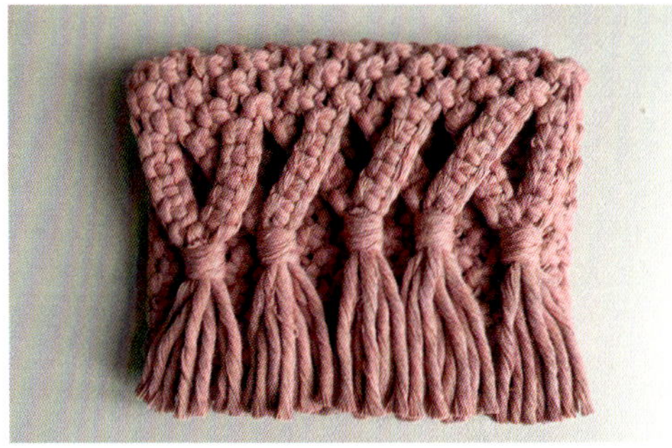

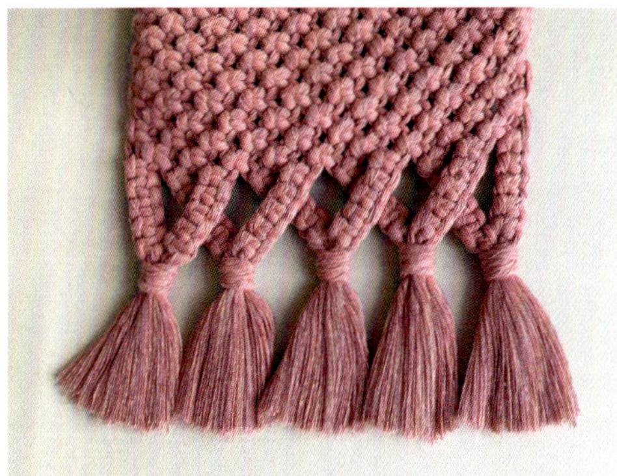

Mein Tipp für dich

Kombiniere die Tasche mit den verschiedenen Gurten auf Seite 57–63.

Kulturbeutel

Echt kultig

MOTIVGRÖSSE
19 cm breit, 12 cm hoch

MATERIAL
- 56 Baumwollfäden in Grau, gezwirnt, ø 3 mm, 1,5 m lang
- 2 Baumwollfäden in Grau, gezwirnt, ø 3 mm, 40 cm lang
- Schere
- Druckknopf
- Optional Anhänger

1 Befestige 26 Fäden mit dem Ankerknoten an 1 kurzen Garn.

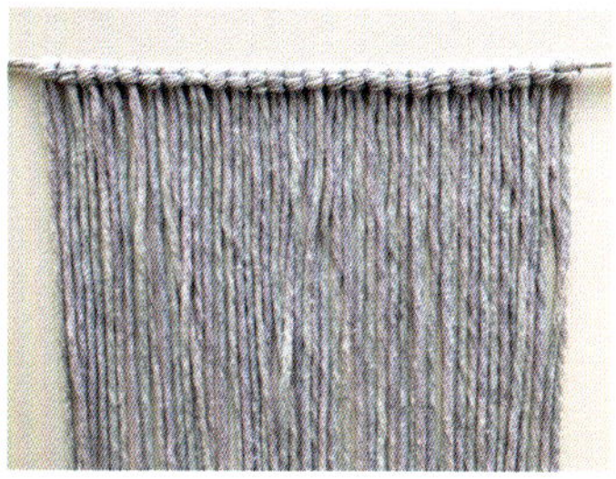

2 Knüpfe nun 1 Reihe Kreuzknoten. Insgesamt entstehen dabei 13 Kreuzknoten.

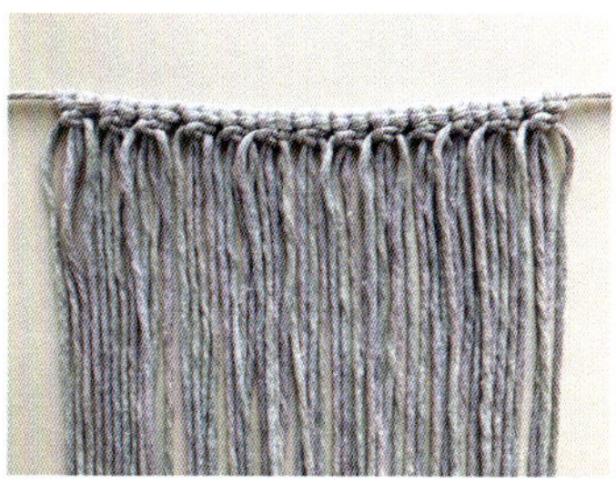

3 Die nächste Reihe knüpfst du die Kreuzknoten versetzt zwischen die 1. Reihe der Kreuzknoten.

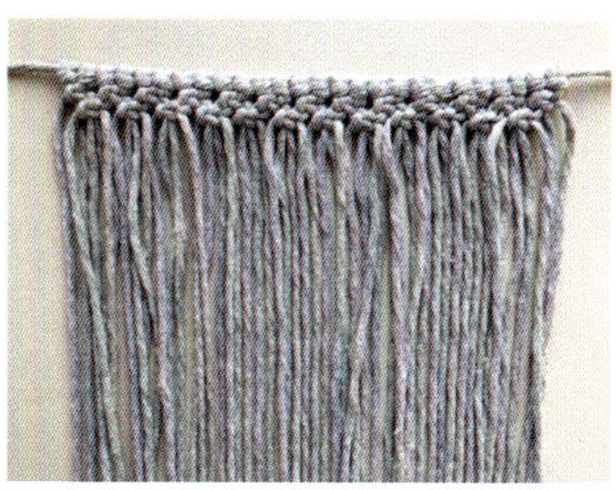

4 Nimm nun die anderen 26 Fäden und wiederhole die Schritte 1–3.

5 Um die beiden Seiten miteinander zu verbinden, legst du die beiden Enden übereinander.

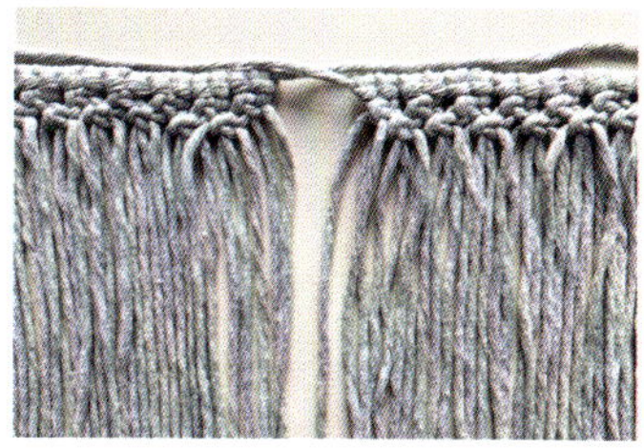

Befestige anhand des Ankerknotens je 2 weitere Fäden über den beiden Enden.

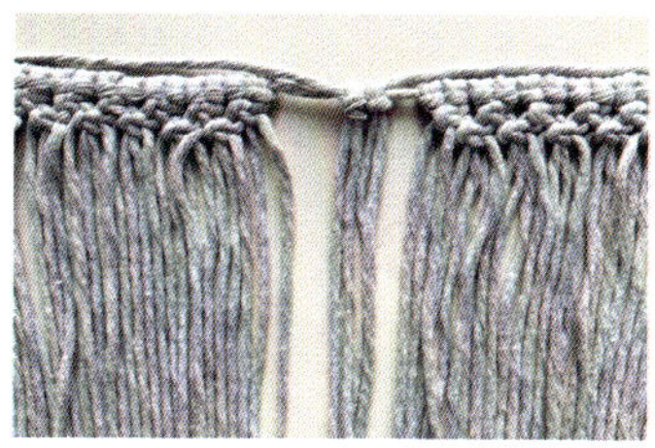

Ziehe die Enden zusammen und knote 1 einfachen Doppelknoten.

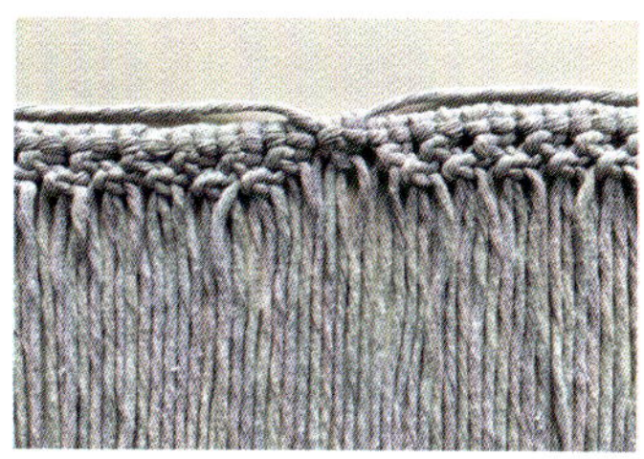

6 Wiederhole diesen Schritt ebenfalls mit der anderen offenen Seite. Knote in die Lücken Kreuzknoten, sodass 2 durchgehende Reihen Kreuzknoten entstehen.

7 Beginne auf der Vorderseite mit den Beerenknoten. Diese werden aus je 3 Kreuzknoten geknüpft.

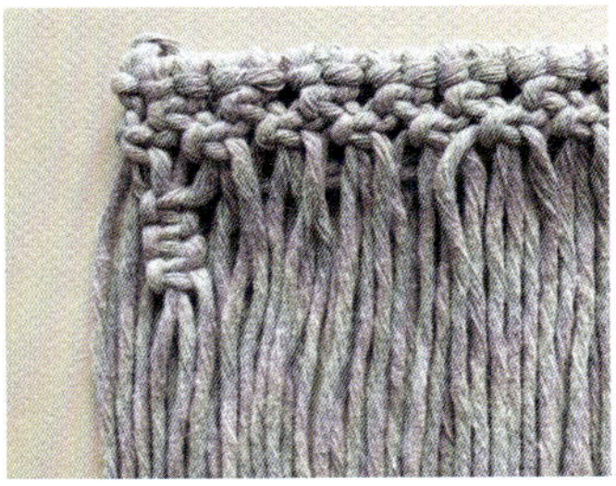

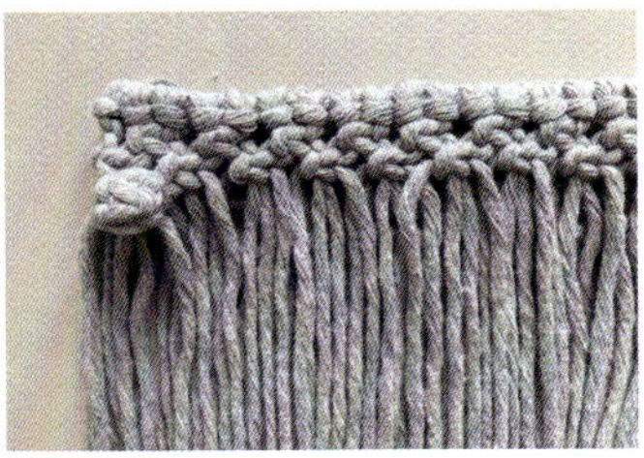

Insgesamt entstehen dabei 13 Beerenknoten.

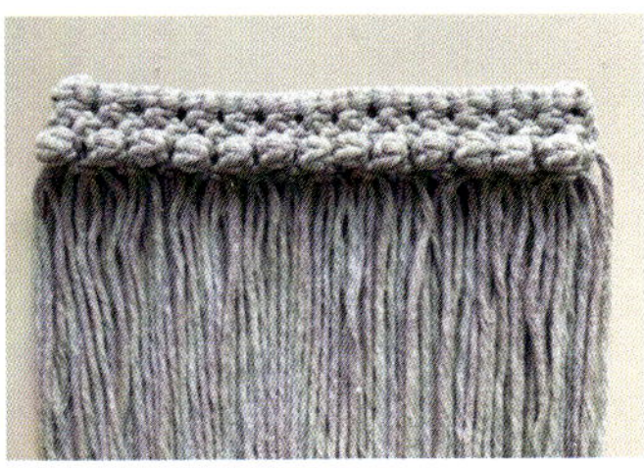

8 Auf der Rückseite folgt 1 Reihe versetzter Kreuzknoten.

9 Nun knüpfst du auf beiden Seiten 17 weitere Reihen versetzter Kreuzknoten.

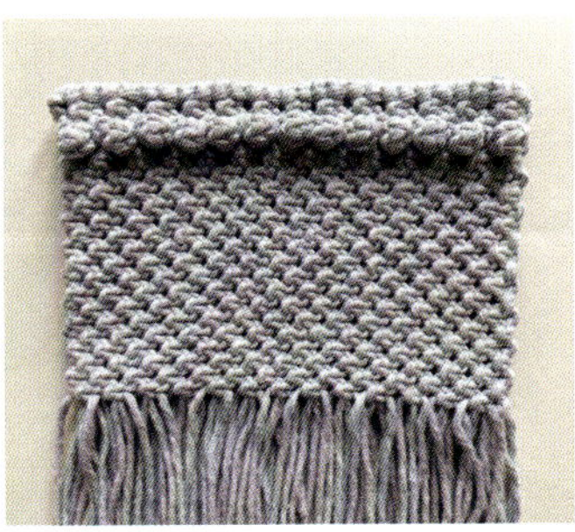

10 Drehe die Tasche auf links. Nimm die gegenüberliegenden Kreuzknoten (Vorder- und Rückseite) zusammen und knüpfe 1 Kreuzknoten. Wiederhole diesen Schritt mit allen Kreuzknoten in der Reihe.

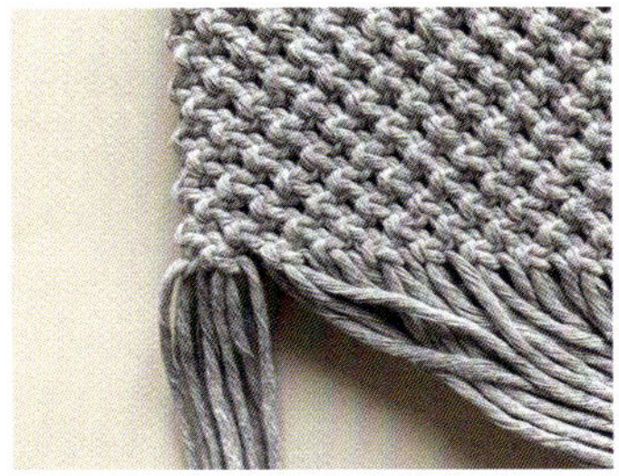

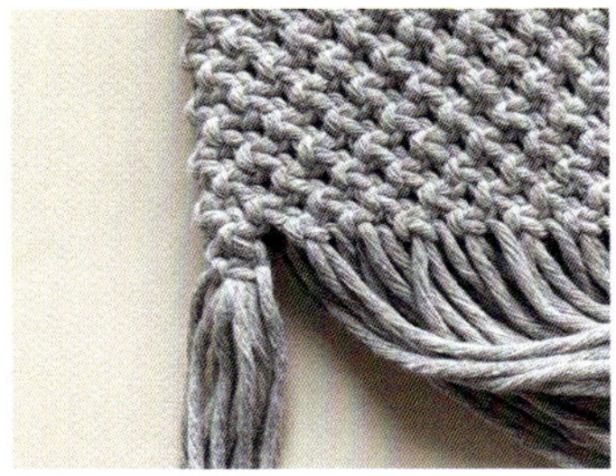

11 Zwischen den zusammengenommenen Kreuzknoten folgt 1 weitere Reihe versetzter Kreuzknoten.

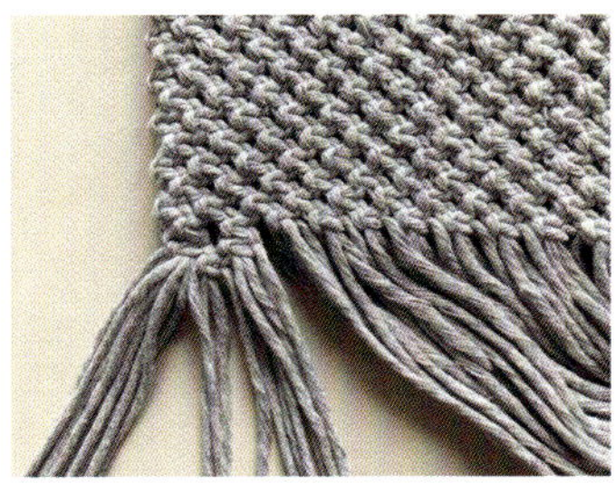

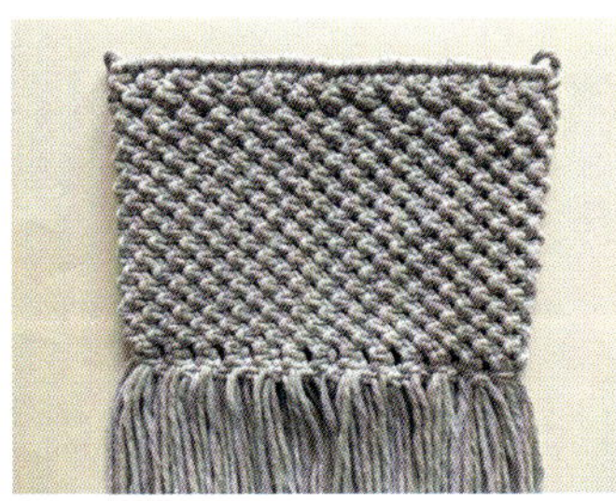

12 Nun kannst du die Enden kurz abschneiden und die Tasche umdrehen. Die oberen Fadenenden werden im Inneren vernäht.

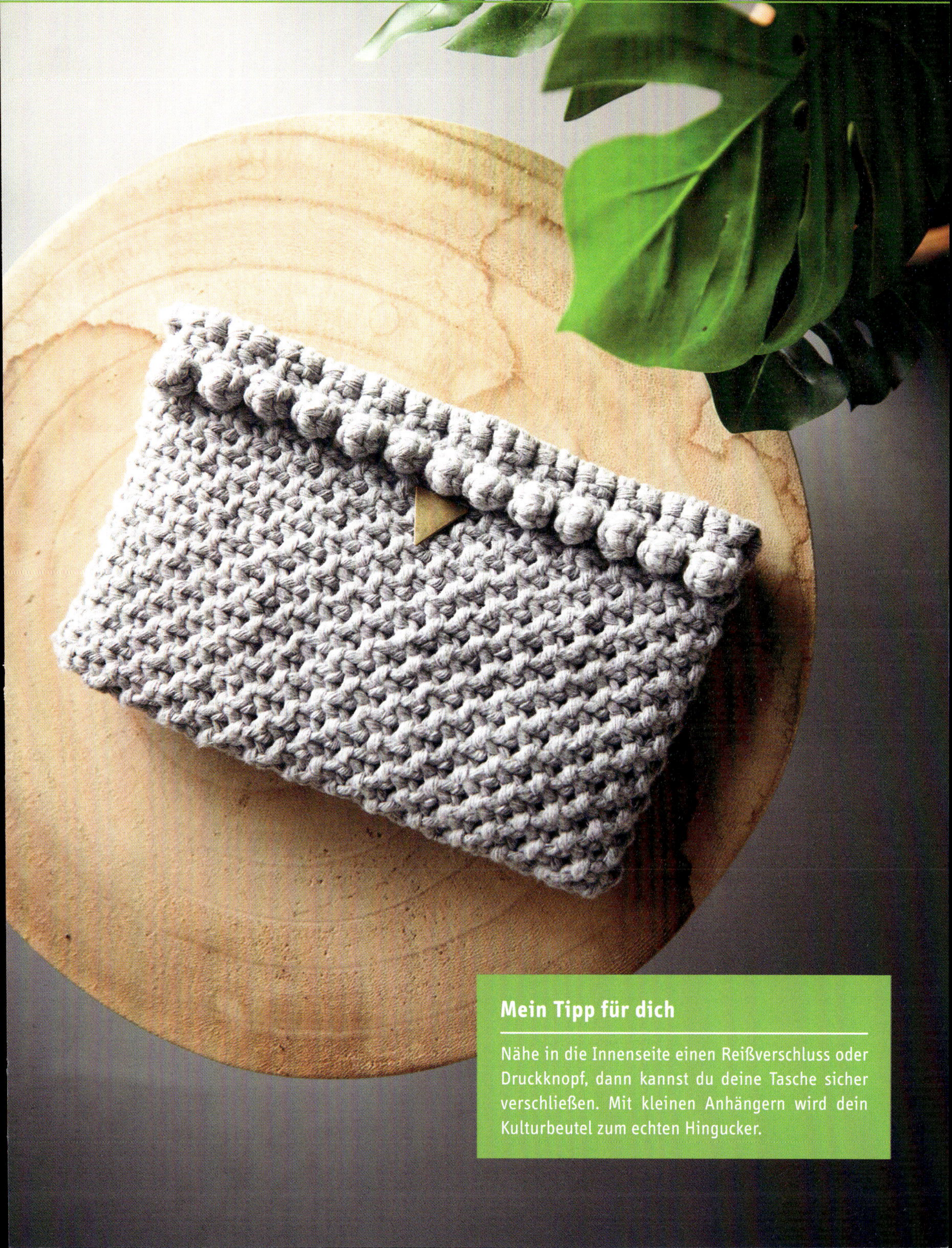

Mein Tipp für dich

Nähe in die Innenseite einen Reißverschluss oder Druckknopf, dann kannst du deine Tasche sicher verschließen. Mit kleinen Anhängern wird dein Kulturbeutel zum echten Hingucker.

Yogamatten-Gurt

Ganz entspannt

MOTIVGRÖSSE

1,45 m lang

MATERIAL

- 1 Baumwollfaden in Altrosa, gezwirnt, ø 4 mm, 10 m lang
- 1 Baumwollfaden in Natur, gezwirnt, ø 4 mm, 10 m lang
- 2 Baumwollfäden in Natur, gezwirnt, ø 4 mm, 40 cm lang
- Schere
- 2 Holzringe, ø 6 cm
- Textilkleber

Mein Tipp für dich

Du kannst den Yoga-Gurt auch mit Holzperlen und Anhängern aufpeppen.

1 Befestige beide 10 m langen Baumwollfäden an 1 Holzring. Achte dabei darauf, dass die Innenlänge der Garne 2 m lang ist und die Außenlänge 8 m lang.

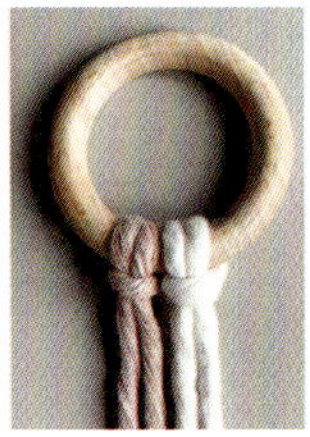

2 Nimm 1 der 40 cm langen Garne und knüpfe 1 Wickelknoten mit einer Länge von 3 cm.

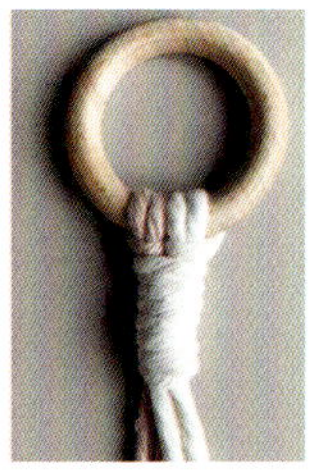

3 Es folgen nun Kreuzknoten untereinander. Knüpfe eine Länge von ca. 1,30 m.

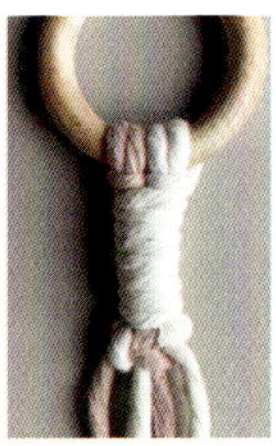

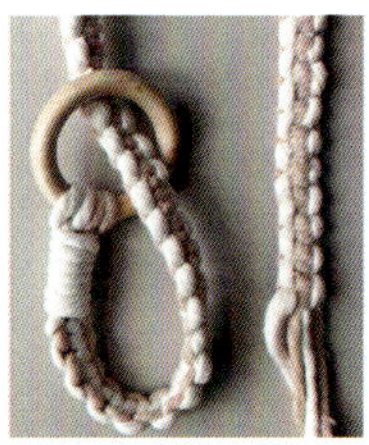

4 Ziehe die Garnenden mit ca. 3 cm Abstand zum letzten Kreuzknoten durch den 2. Holzring.

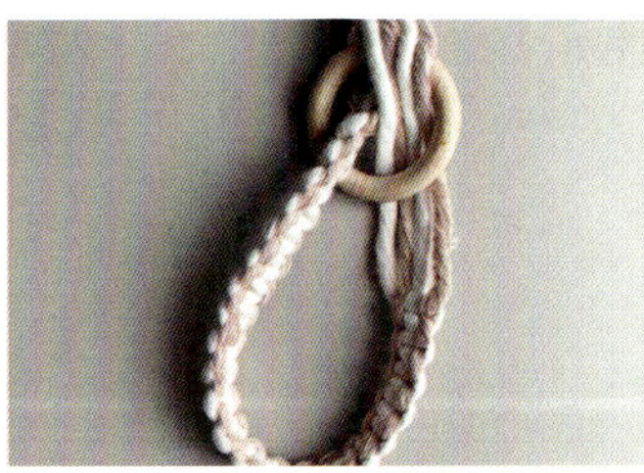

5 Trage 1 Streifen Textilkleber in unmittelbarer Nähe des Holzrings auf.

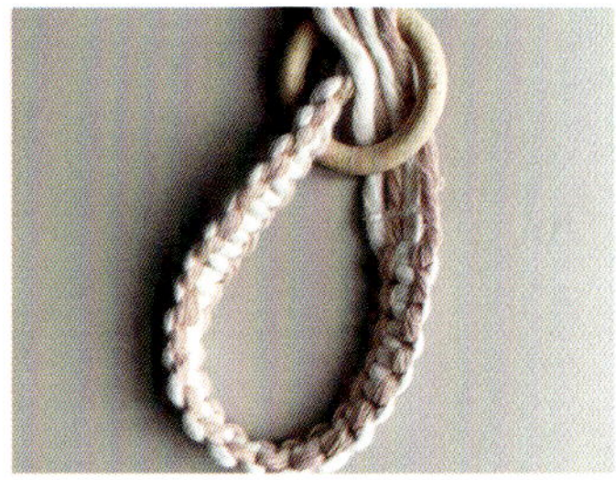

6 Drücke die Enden fest auf den Kleber und schneide sie kurz ab.

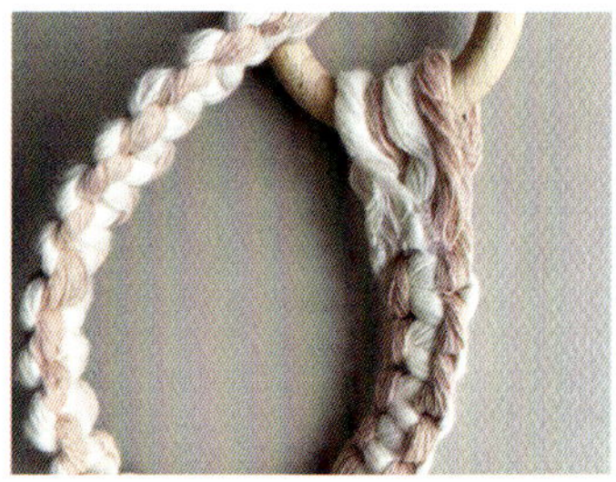

7 Schließe die Lücke mit 1 Wickelknoten.

8 Ziehe die Gurtenden je durch 1 Ring, damit eine Schlaufe entsteht.

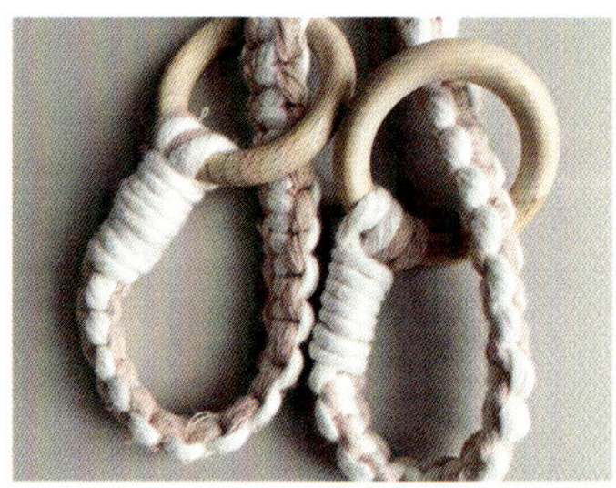

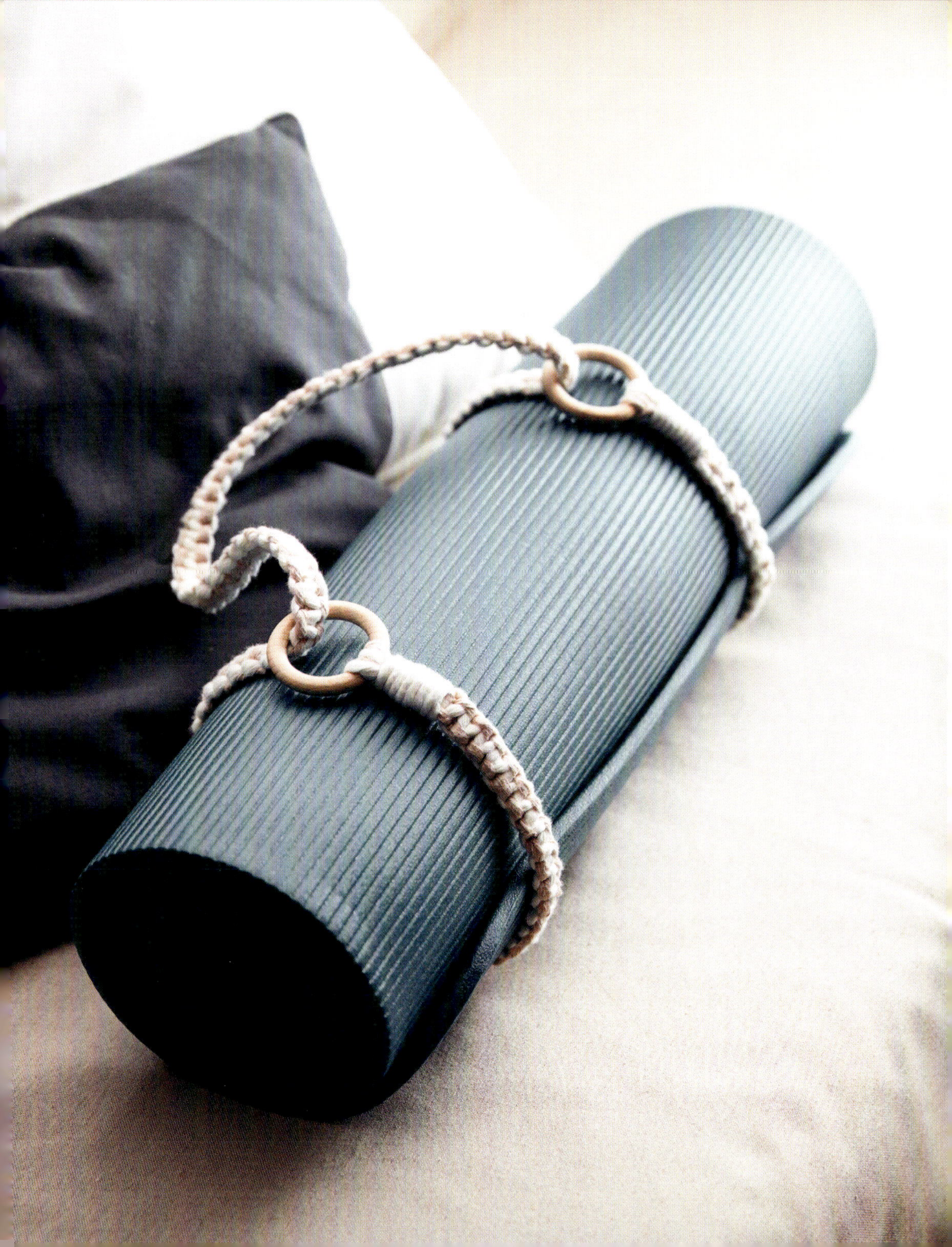

Tasche mit Bambusgriffen

Alles im Griff

MOTIVGRÖSSE
62 cm lang, 20 cm breit

MATERIAL
- 40 Baumwollfäden in Altrosa, gezwirnt, ø 4 mm, 2,5 m lang
- 5 Baumwollfäden in Altrosa, gezwirnt, ø 4 mm, 40 cm lang
- Schere
- 2 Bambusgriffe, ø 17 cm

1 Befestige je 20 Baumwollfäden anhand des Ankerknotens an den Bambusgriffen.

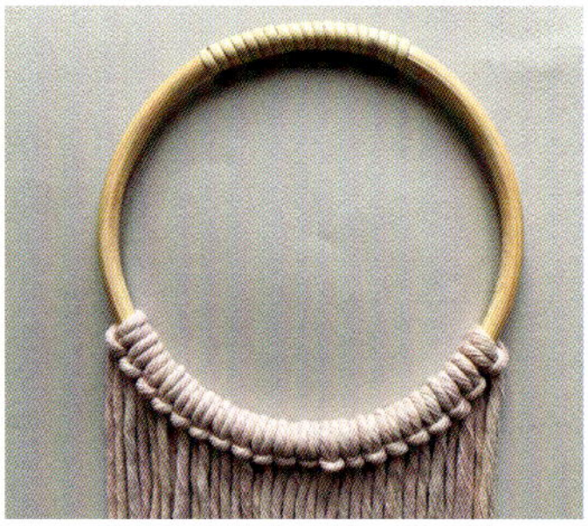

2 Knüpfe 1 Reihe aus 10 Beerenknoten. 1 Beerenknoten besteht dabei aus 3 Kreuzknoten.

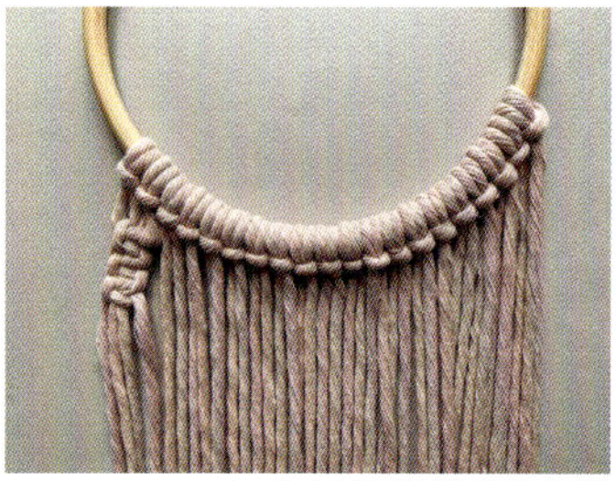

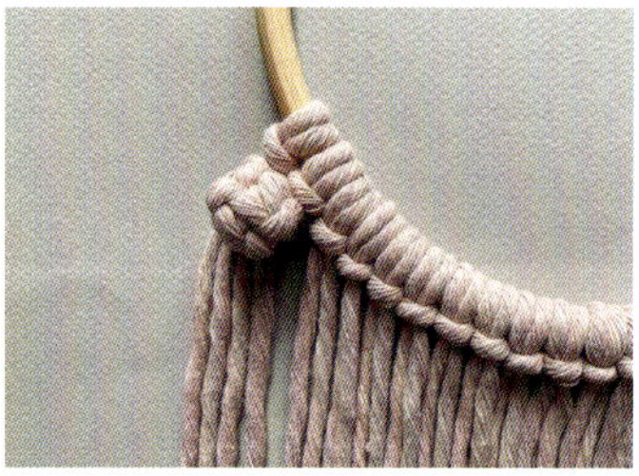

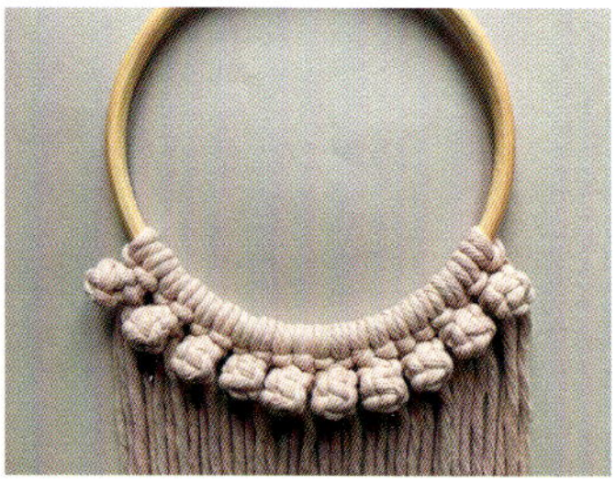

3 Nun folgen mittig 3 nebeneinander geknotete Kreuzknoten unterhalb der Beerenknoten. Lasse hierbei auf beiden Seiten 3 Beerenknoten aus.

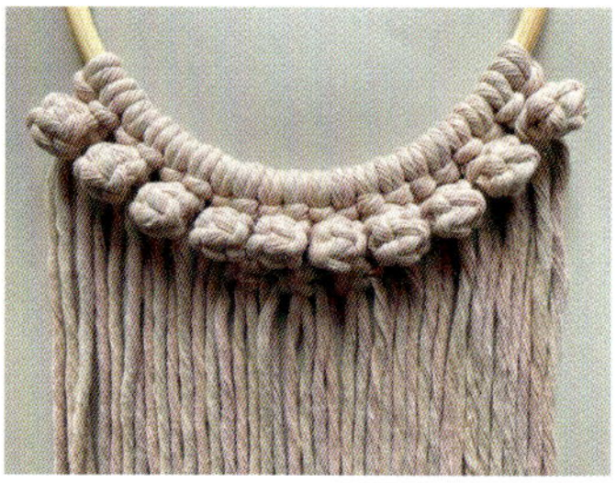

4 Knote zwischen die Kreuzknoten 2 weitere versetzte Kreuzknoten. 1 letzter Kreuzknoten folgt in der Mitte.

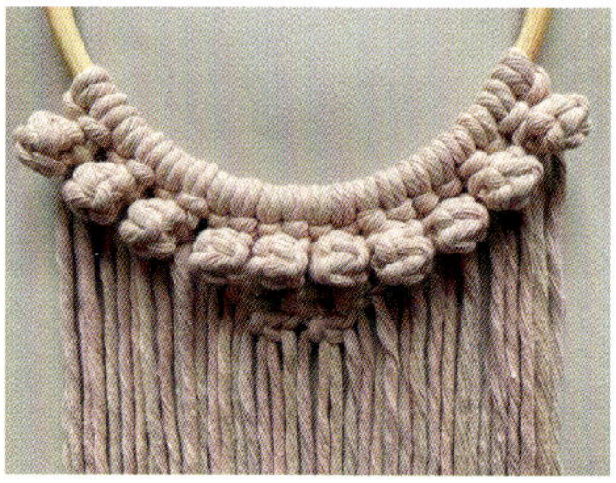

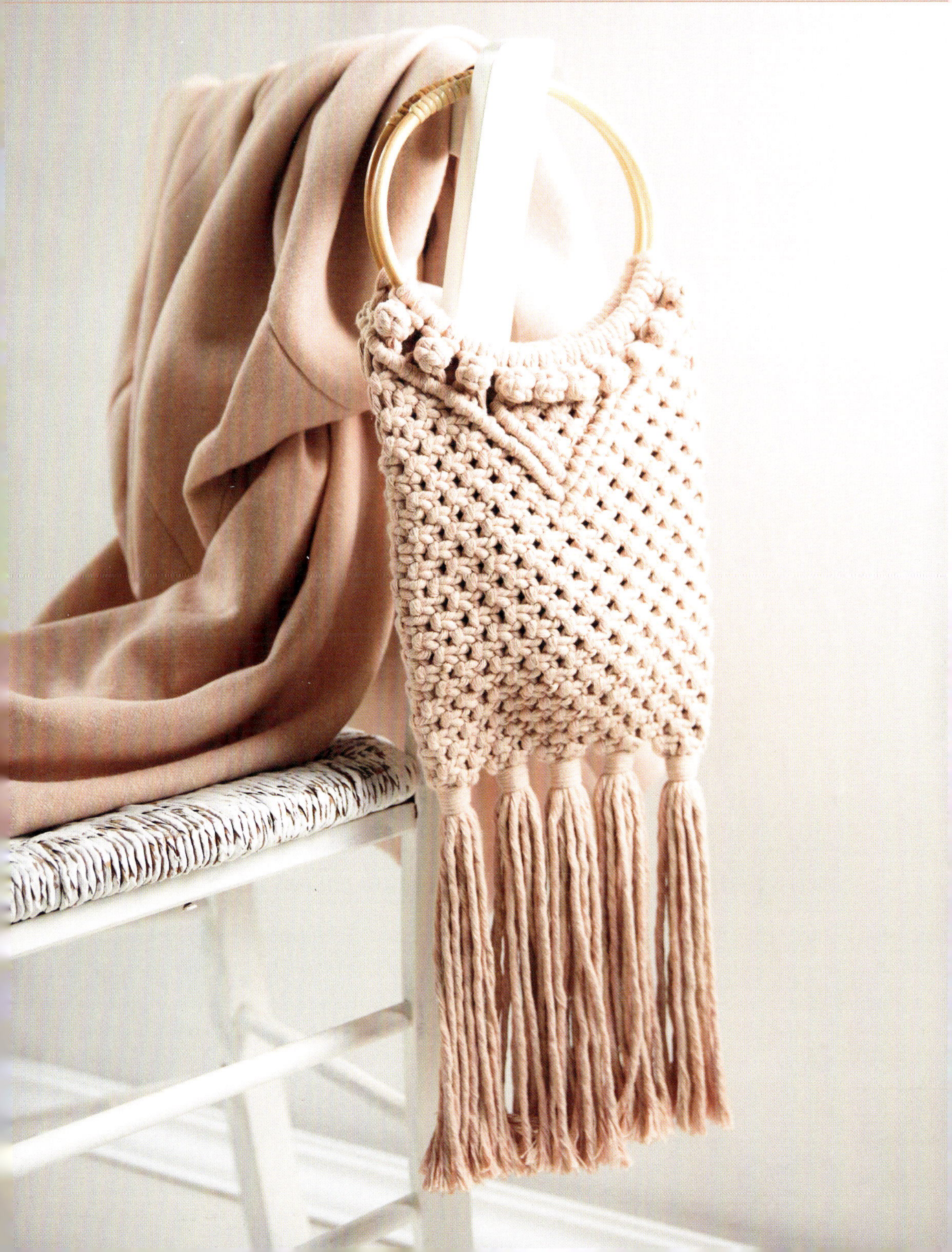

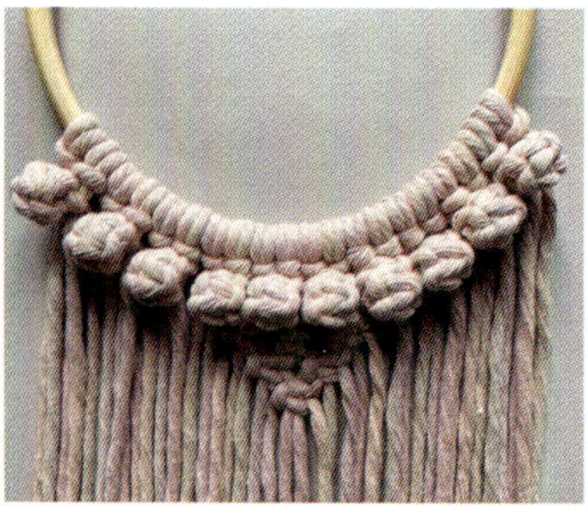

5 Nimm die beiden seitlichen Stränge des 1. Kreuzknotens und knüpfe schräg zur Mitte 1 Reihe Rippenknoten.

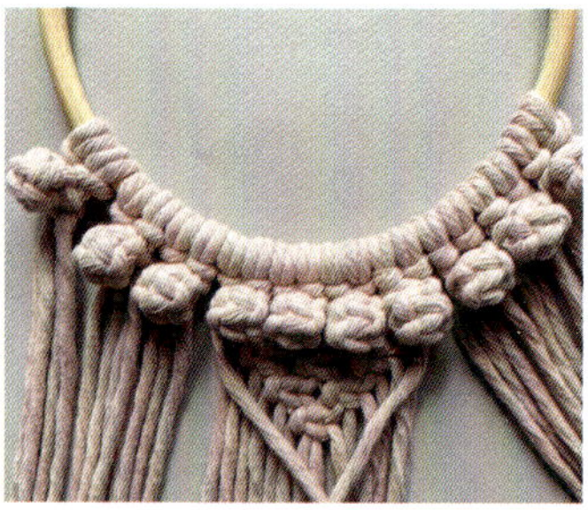

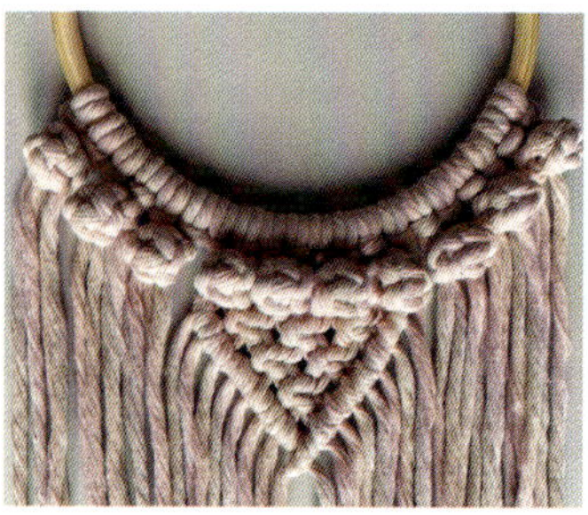

6 Nun werden mit den äußeren Fäden des 1. Beerenknotens ebenfalls bis zur Mitte Rippenknoten geknotet. Schließe die Reihe mit 1 Rippenknoten mittig ab.

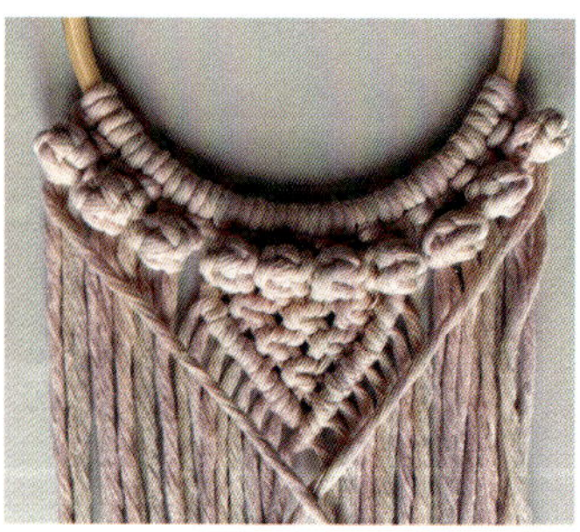

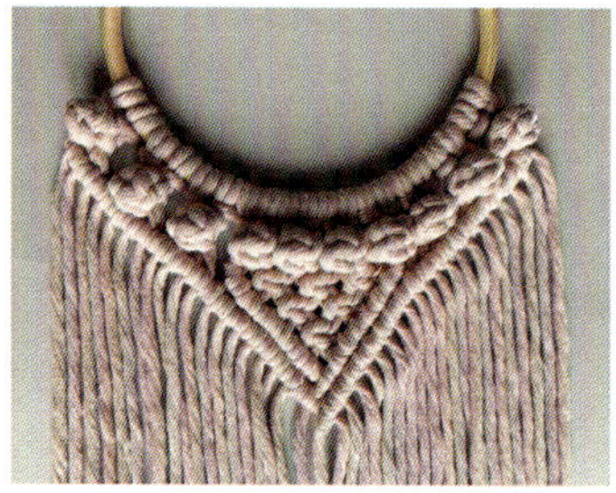

7 Aus den 4 seitlichen Fäden knotest du nun 1 Kreuzknoten. Achte darauf, dass dieser gerade ist und nicht an den Rippenknoten anliegt.

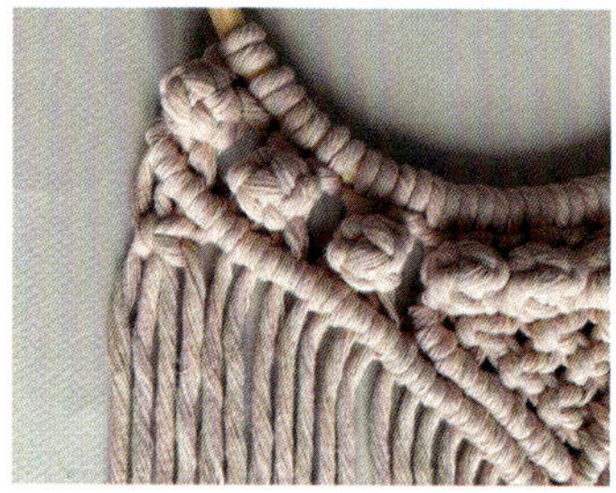

8 Lasse nun die beiden linken Fäden frei und knote aus den nächstliegenden 4 Fäden 1 weiteren Kreuzknoten.

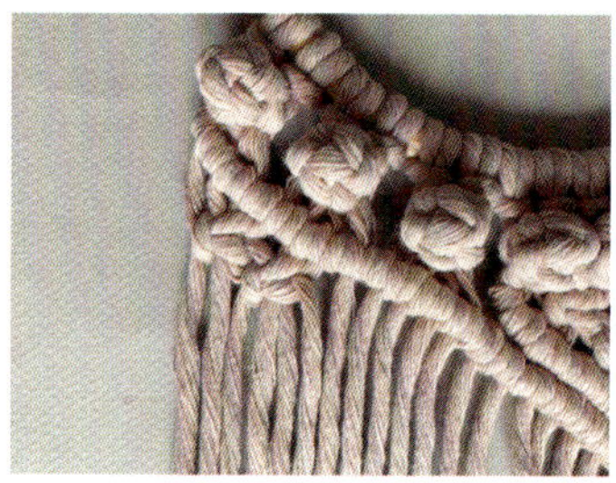

9 Wiederhole diesen Schritt, bis du auf beiden Seiten je 9 Kreuzknoten hast. Mittig folgt 1 weiterer Kreuzknoten.

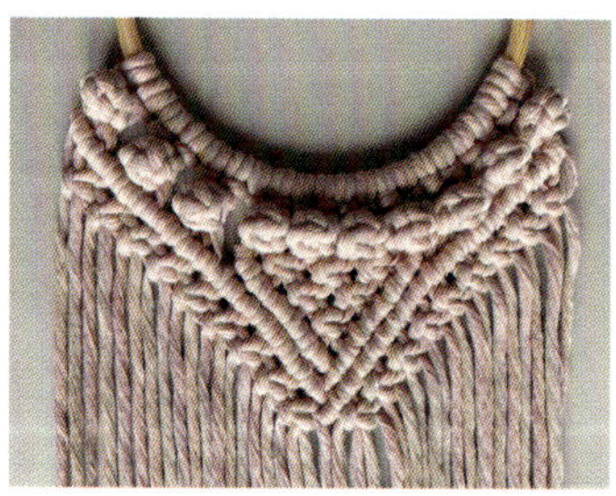

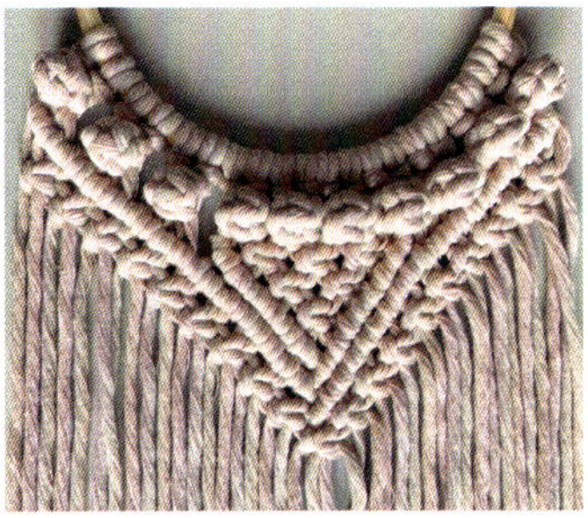

10 Anschließend knotest du 5 Reihen lang die Kreuzknoten versetzt.

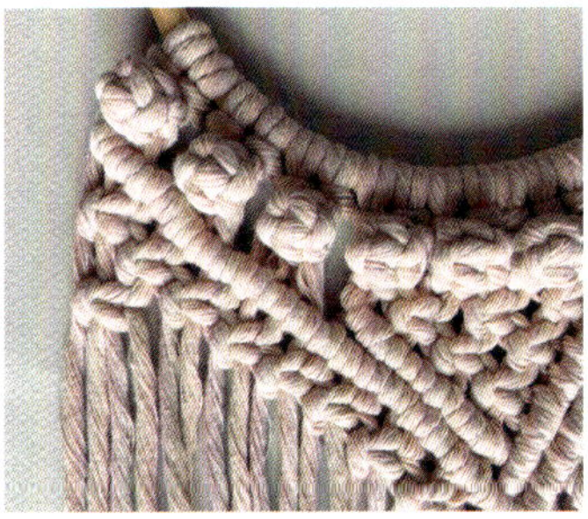

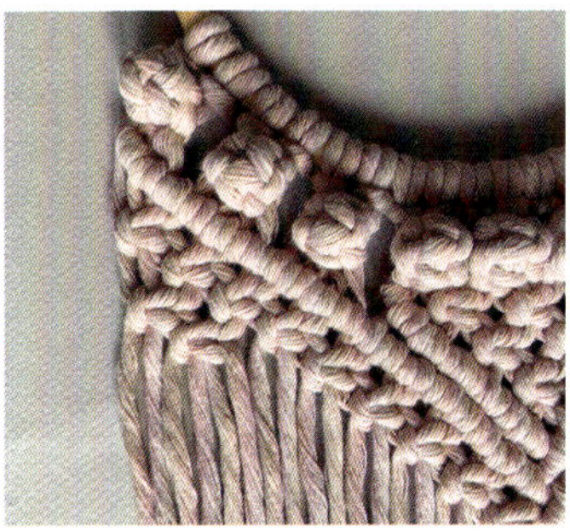

11 Verbinde die beiden Seiten der Tasche mit 1 Kreuzknoten.

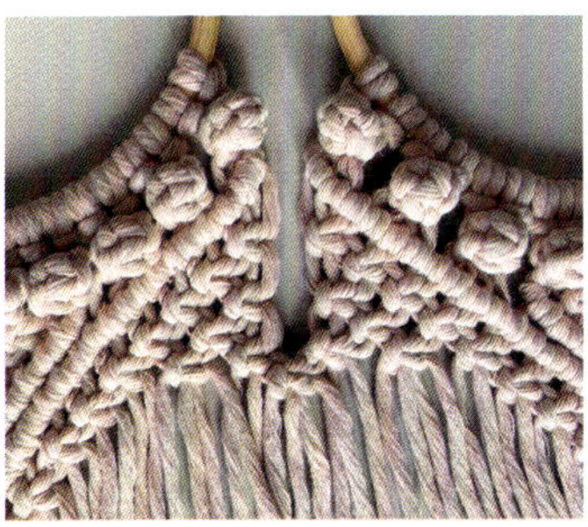

12 Die offenen Stellen werden nun mit weiteren Kreuzknoten vollendet.

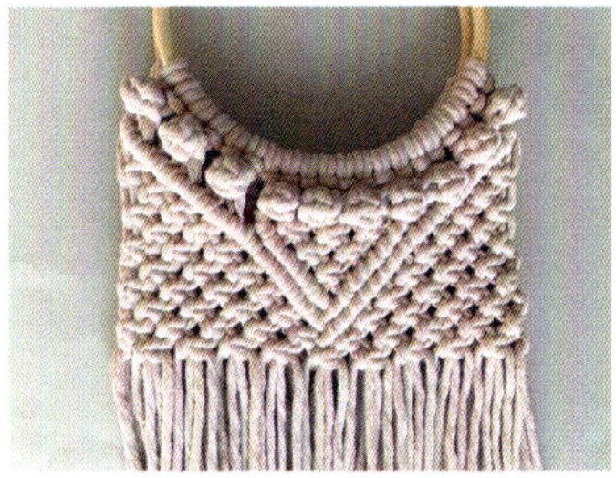

13 Insgesamt knüpfst du 16 Reihen versetzter Kreuzknoten.

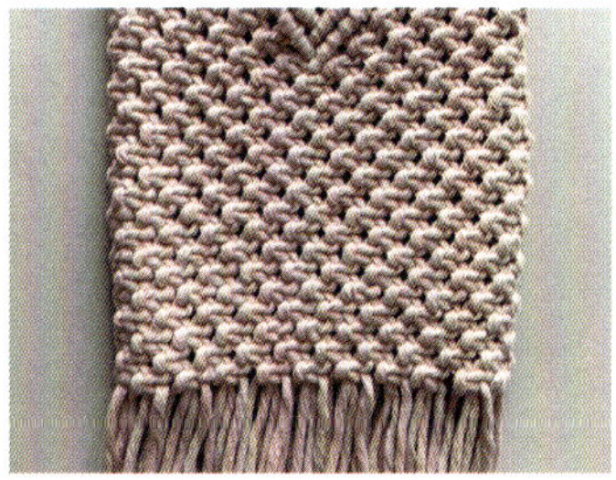

14 Verbinde die gegenüberliegenden 4 Kreuzknoten mit 1 Wickelknoten. Wiederhole diesen Schritt, bis du insgesamt 5 Wickelknoten befestigt hast.

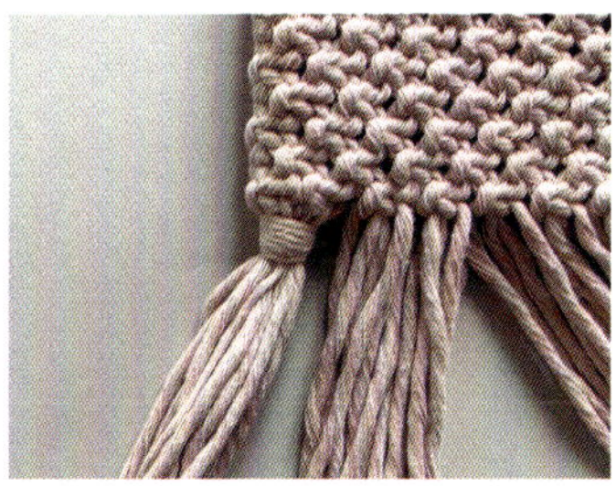

15 Schneide die Enden gleichmäßig ab.

Mein Tipp für dich

Du kannst das gezwirnte Garn ganz einfach auskämmen, dies verleiht der Tasche noch mehr Boho-Feeling.

Tasche mit Holzperlen

Schicker Allrounder

MOTIVGRÖSSE
ca. 35 cm lang, 24 cm breit

MATERIAL
- 68 Baumwollfäden in Natur, gezwirnt, ø 3 mm, 1,8 m lang
- Schere
- 34 Holzperlen, ø 12 mm
- 2 breitere Taschengriffe in Dunkelbraun, ø 20 cm

1 Befestige je 16 Fäden anhand des Ankerknotens an einem Taschengriff.

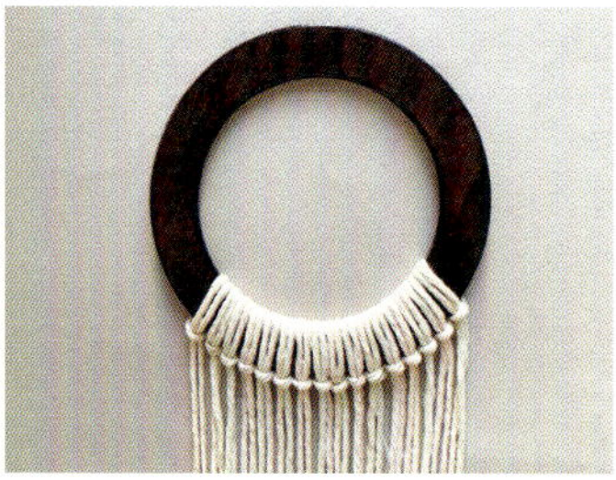

2 Knote 8 weitere Baumwollfäden jeweils an die äußeren Stränge.

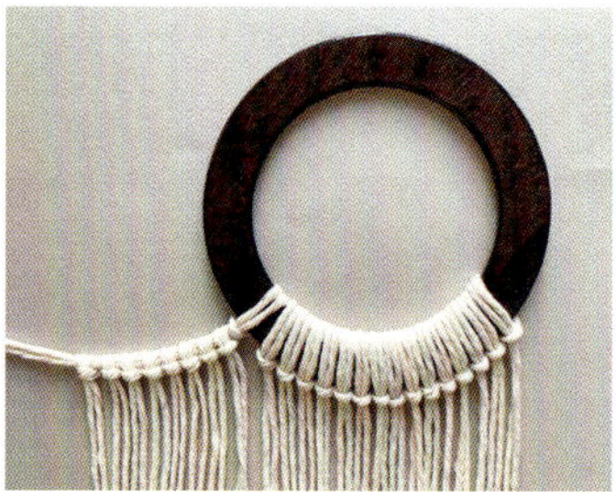

3 Um die Seiten miteinander zu verbinden, legst du die beiden Enden übereinander. Knote je 2 weitere Fäden mit einem Ankerknoten über die Fäden. Ziehe die Stränge zusammen, damit sich die Lücke schließt.

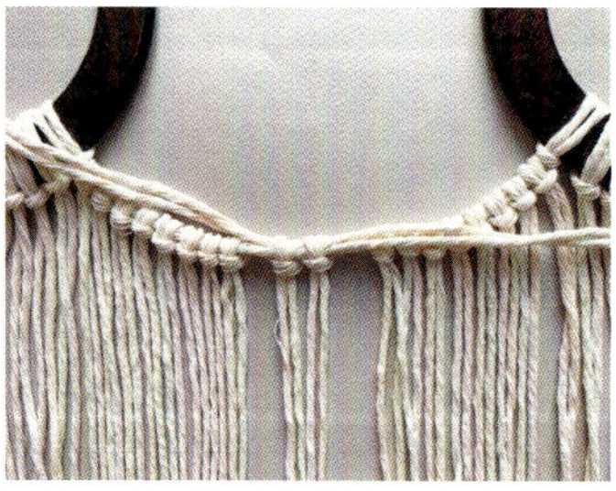

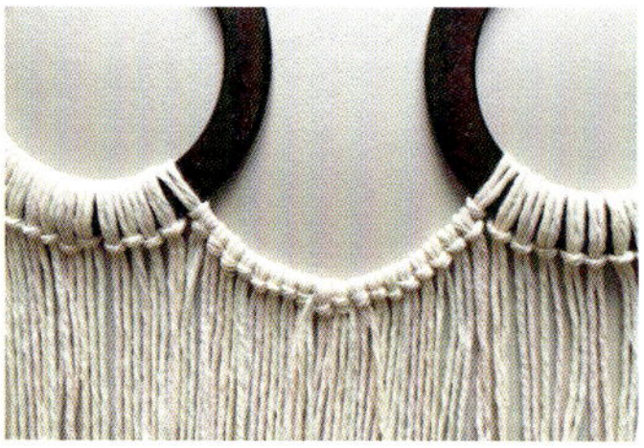

4 Knüpfe nun 1 Reihe Kreuzknoten. Vergiss dabei nicht die beiden Ecken an dem Taschengriff.

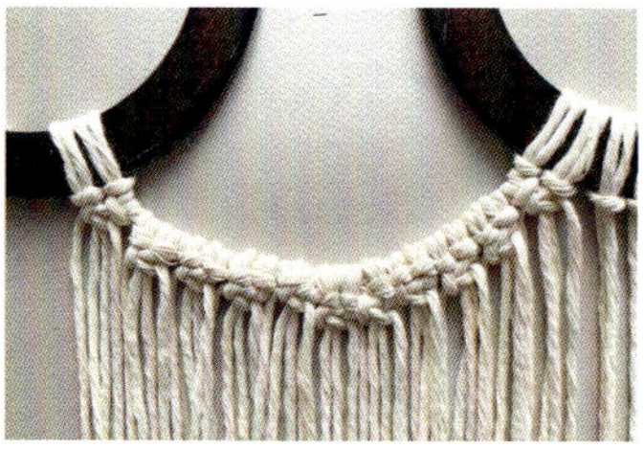

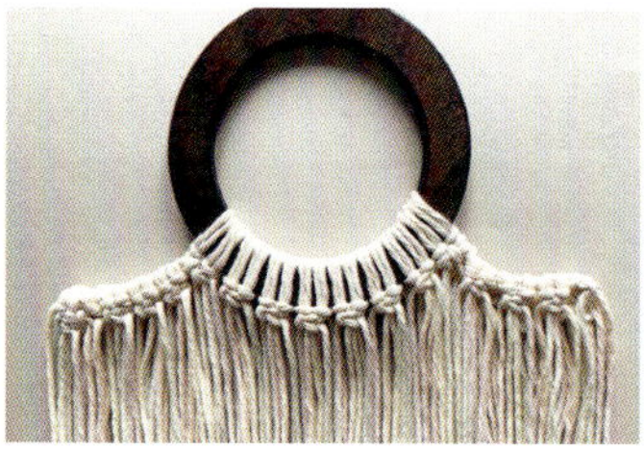

5 Es folgt 1 weitere Reihe versetzter Kreuzknoten, die mittleren bleiben dabei aber frei.

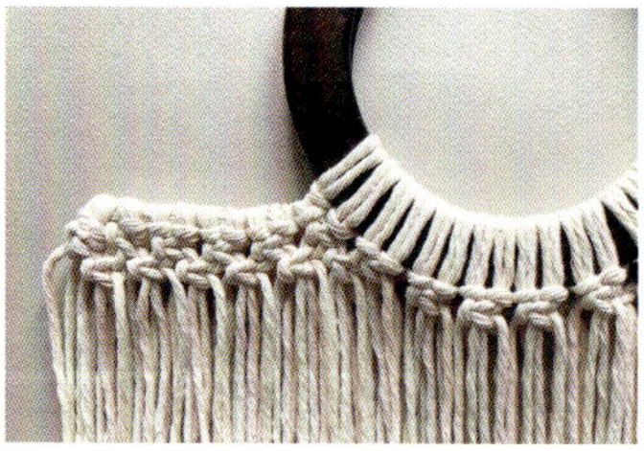

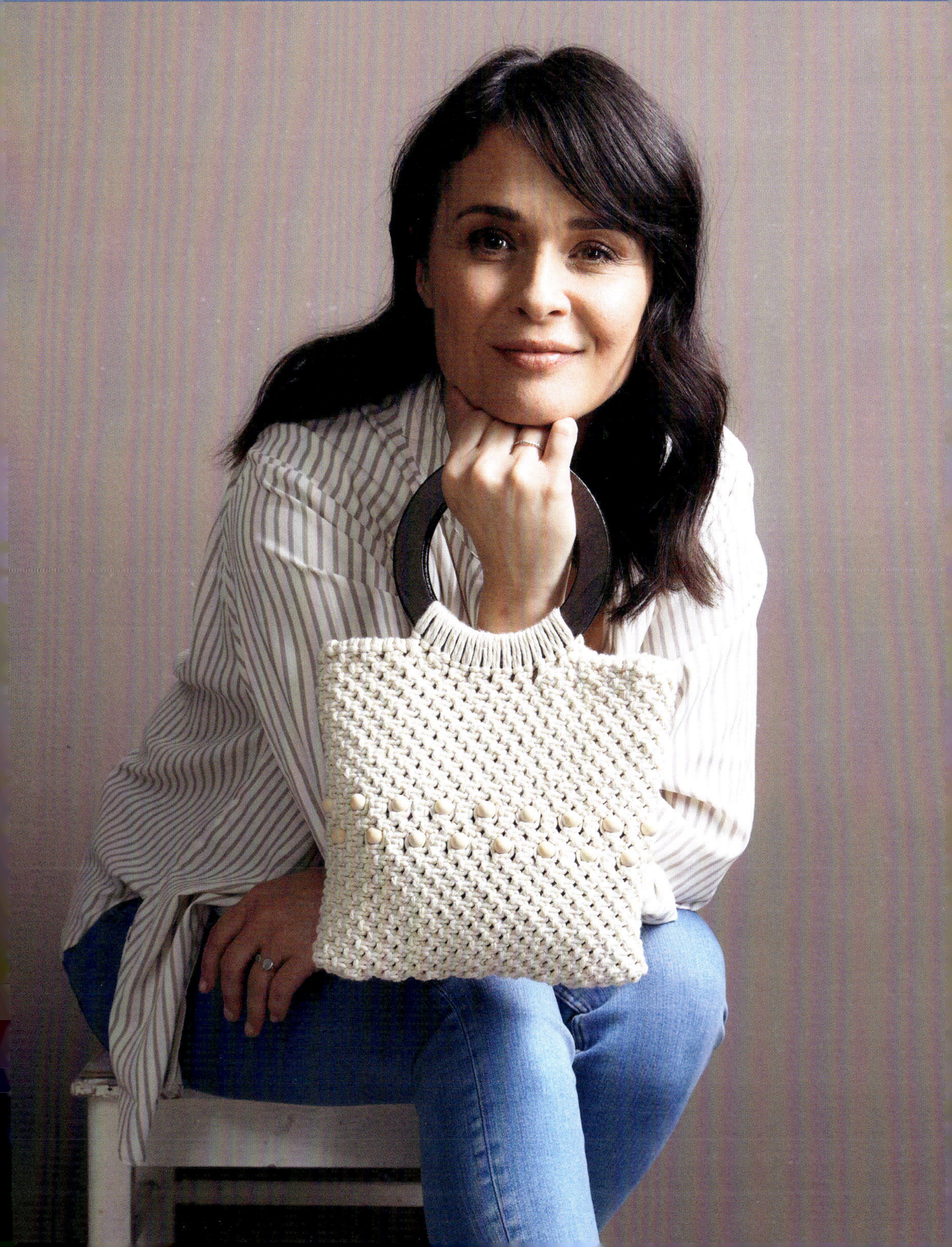

6 Mit der 3. Reihe entsteht die 1. durchgehende Reihe mit Kreuzknoten. Auch hier bleiben die 4 mittleren Kreuzknoten frei.

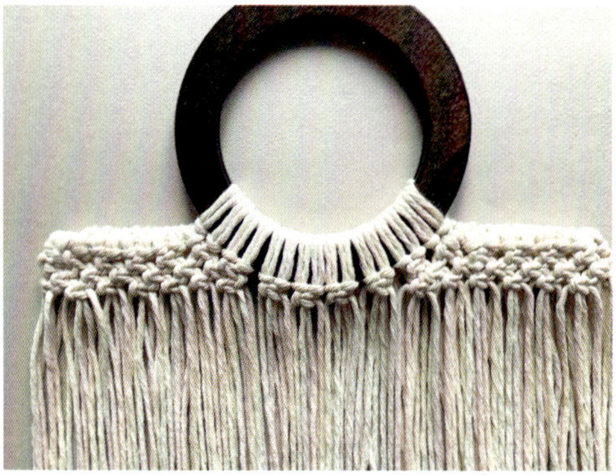

7 Knüpfe insgesamt 10 cm bzw. 15 Reihen lang versetzte Kreuzknoten.

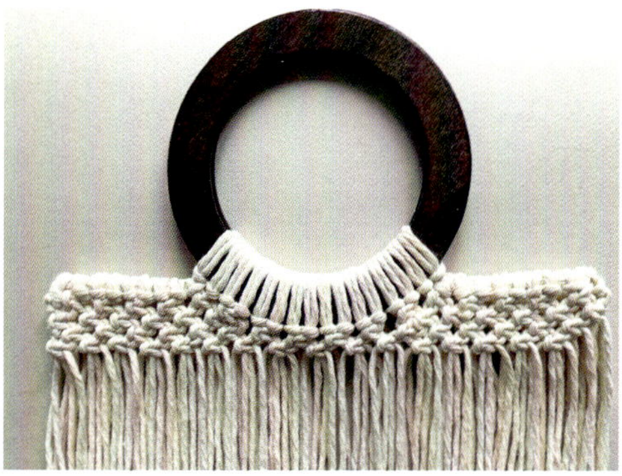

8 Nun ziehst du die beiden äußeren Stränge der Kreuzknoten durch 1 Perle und knotest darunter 1 Kreuzknoten.

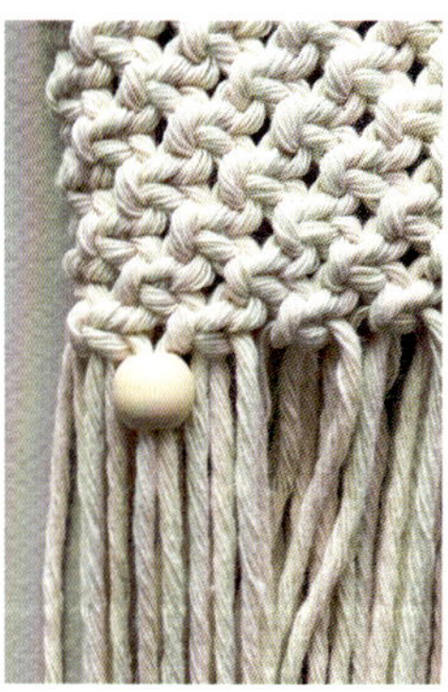

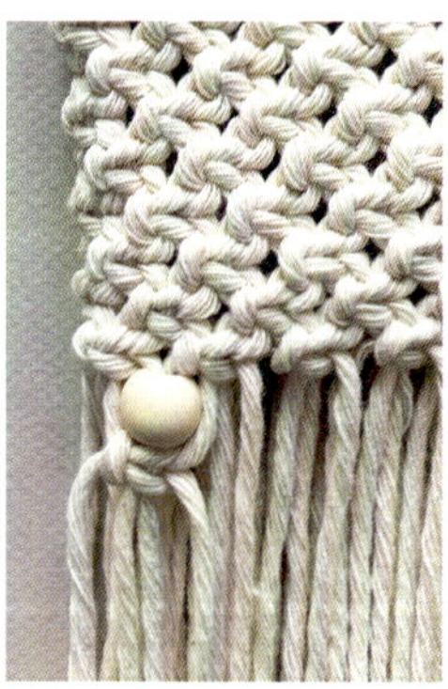

9 Neben der Perle folgen 2 untereinander geknotete Kreuzknoten.

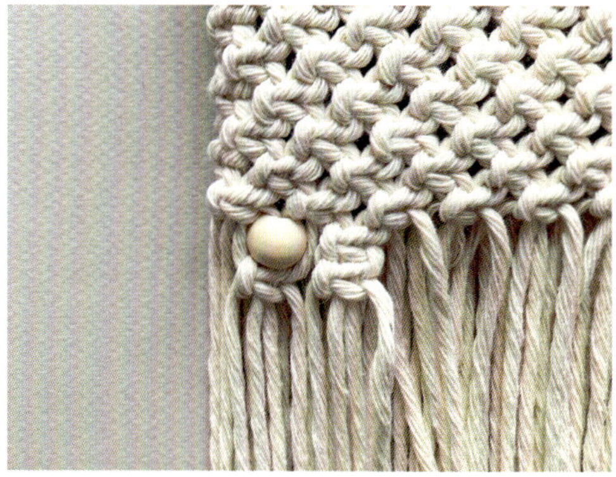

Im Wechsel wiederholst du Schritt 8 und 9 reihum.

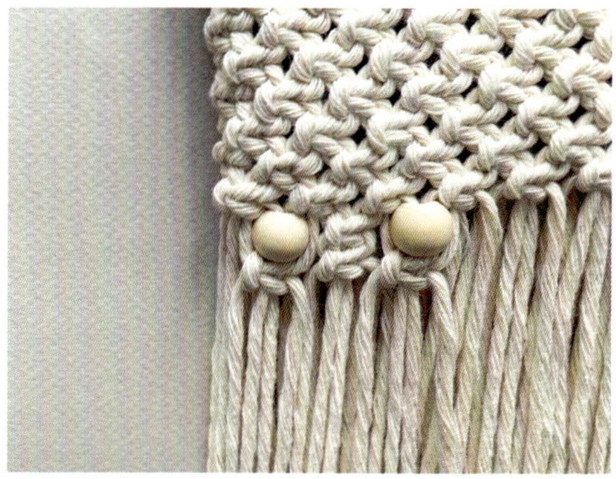

10 Anschließend knüpfst du 1 Reihe versetzter Kreuzknoten.

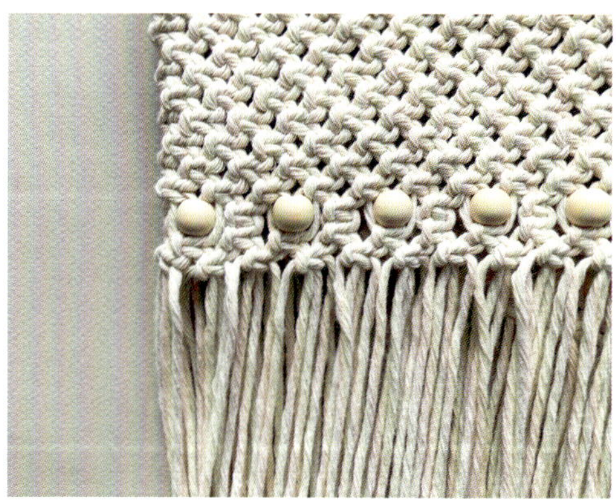

11 Wiederhole die Schritte 8–10, allerdings beginnst du diese Reihe mit den untereinander geknoteten Kreuzknoten.

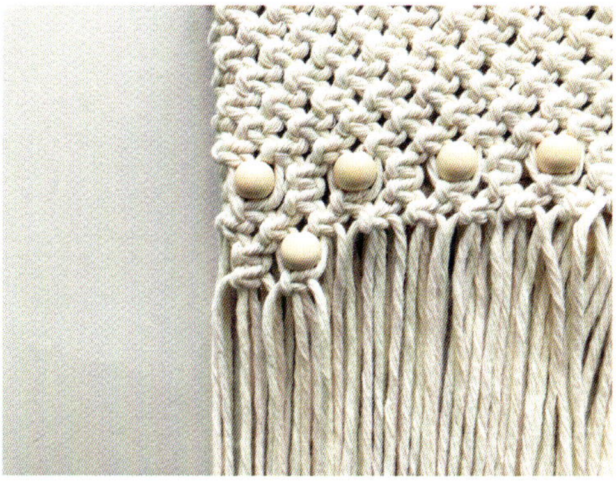

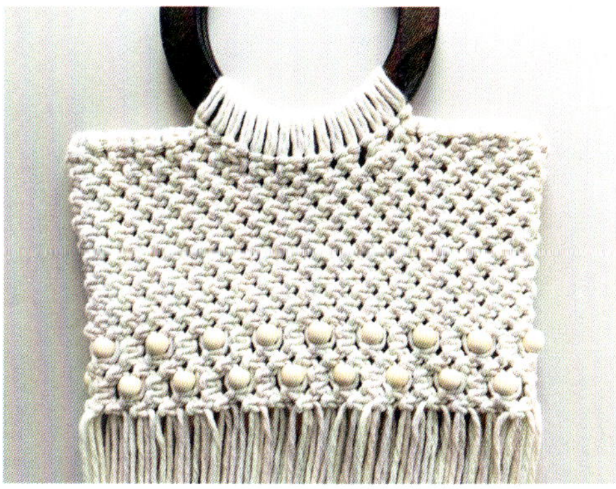

12 Es folgen erneut 10 cm lang/ 15 Reihen Kreuzknoten.

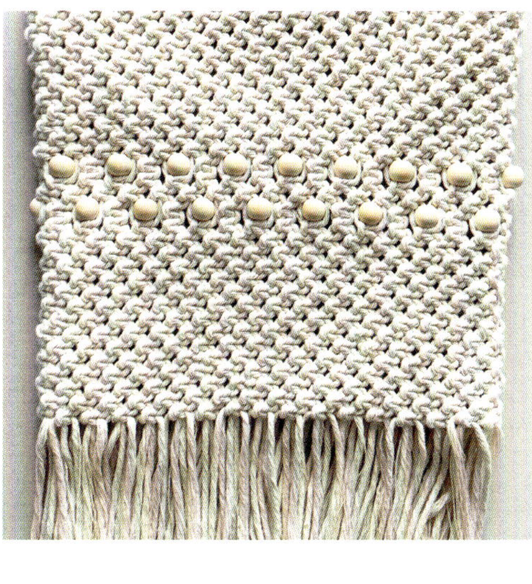

13 Wende die Tasche auf links. Nimm nun die gegenüberliegenden Kreuzknoten zusammen und knote aus 8 Fäden 1 Kreuzknoten. Dieser Schritt wird in der gesamten Reihe wiederholt.

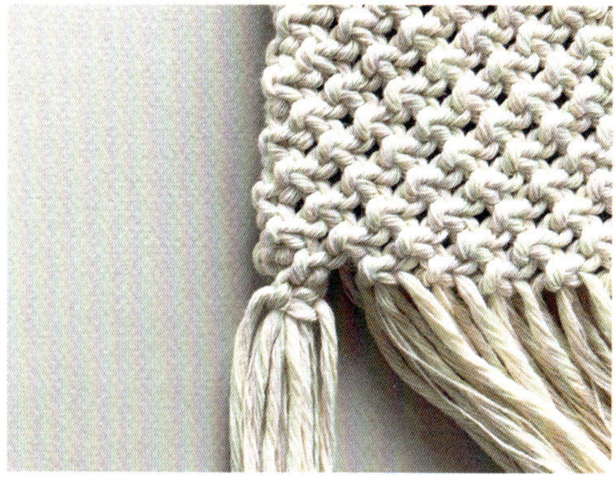

14 Zwischen die Kreuzknoten folgen nun einfache Kreuzknoten aus 4 Fäden. Schneide die Enden ab und drehe die Tasche erneut um.

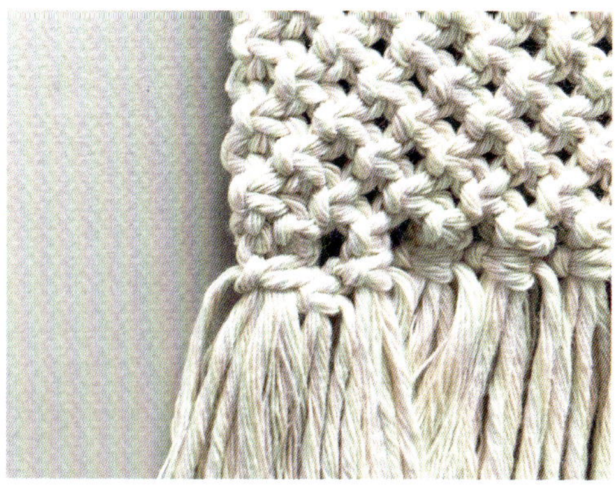

Mein Tipp für dich

Du kannst die Enden der Tasche auch mit Wickelknoten schließen wie bei der Handytasche auf Seite 11.

Makramee-Rucksack

Kleiner Begleiter

MOTIVGRÖSSE
ca. 23 cm breit, ca. 35 cm hoch

MATERIAL
- 8 Baumwollfäden in Natur, geflochten, ø 6 mm, 6 m lang
- 8 Baumwollfäden in Natur, geflochten, ø 6 mm, 7 m lang
- 1 Baumwollfaden in Natur, geflochten, ø 6 mm, 1, 8 m lang
- 6 Baumwollfäden in Natur, geflochten, ø 6 mm, 3 m lang
- Schere
- Textilkleber
- Optional Häkelnadel

1 Anhand des Ankerknotens werden mittig die 8 langen Baumwollfäden an dem 1,8 m kurzen Garn befestigt.
4 Fäden mit einer Länge von 6 m folgen auf beiden Seiten, sodass insgesamt 16 Baumwollfäden ans kurze Garn geknotet sind.

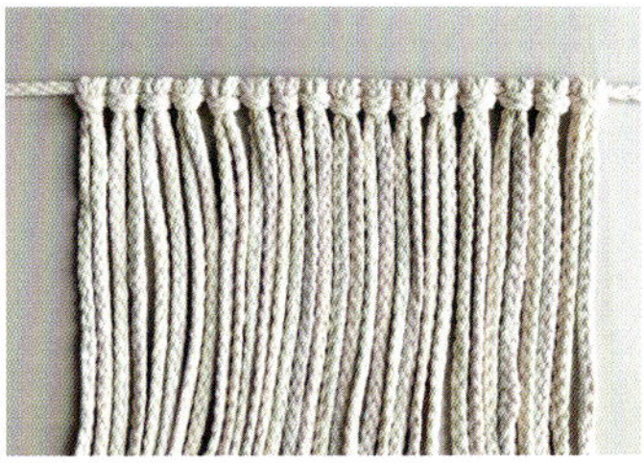

2 Knüpfe nun 1 Reihe Kreuzknoten.

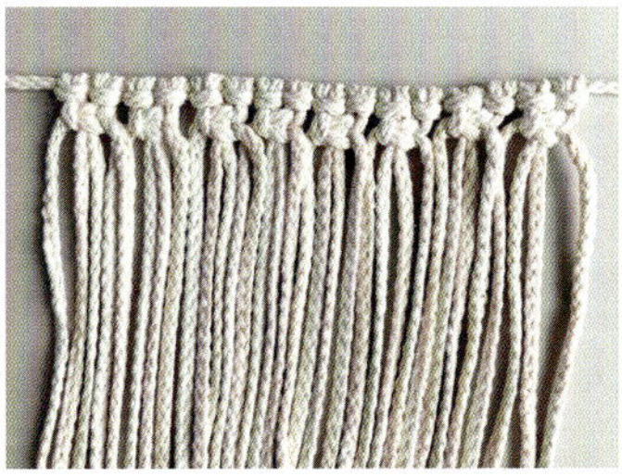

3 In der nächsten Reihe werden die Kreuzknoten versetzt geknotet. Wiederhole diesen Schritt, bis das Rechteck insgesamt 62 cm lang ist.

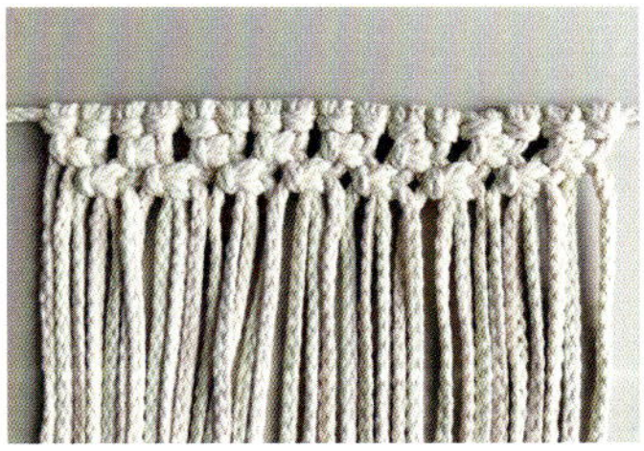

4 Falte das Rechteck mittig aufeinander.

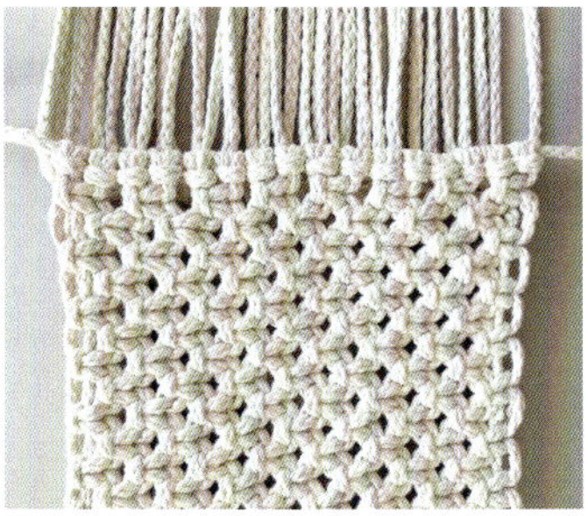

Mit dem äußeren Garn werden die Seiten geschlossen, indem du das Garn durch die Ösen des äußeren Kreuzknotens fädelst. Hierbei kann eine Häkelnadel hilfreich sein.

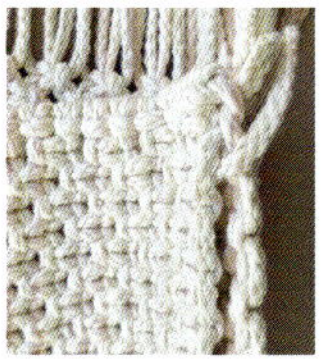

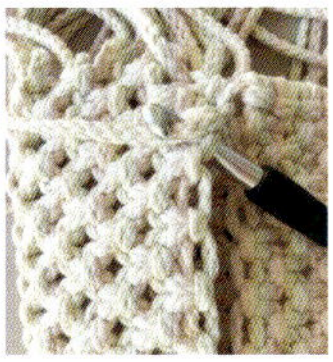

5 Verknote die Fäden miteinander und versiegle die Enden mit Textilkleber.

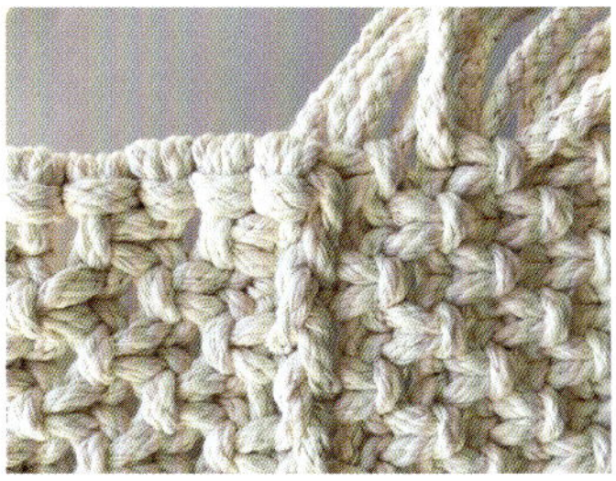

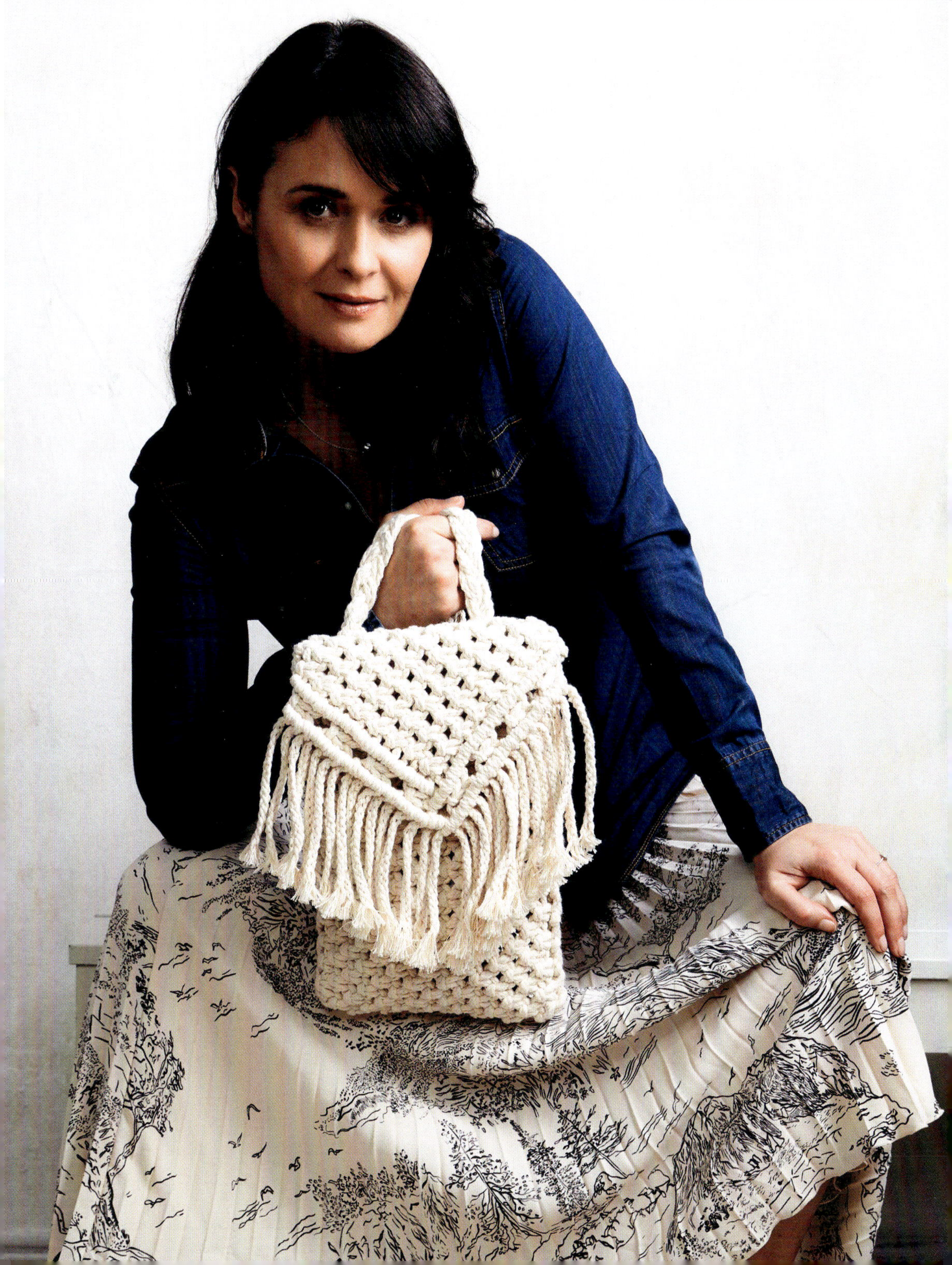

6 Es folgen 6 weitere Reihen versetzter Kreuzknoten.

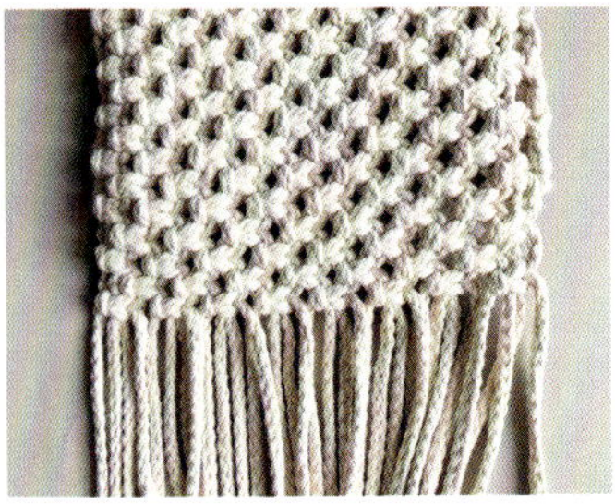

7 Nun nimmst du jede Reihe links und rechts 1 Kreuzknoten ab, sodass nach 7 Reihen 1 Dreieck entsteht.

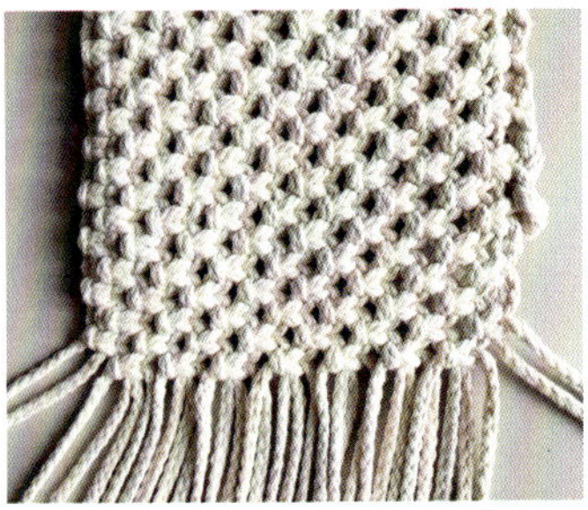

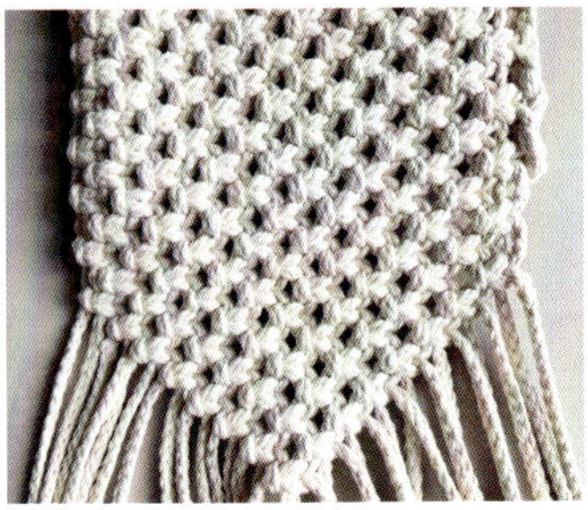

8 Mit dem linken äußersten Strang folgt nun 1 Reihe Rippenknoten bis zur Mitte des letzten Kreuzknotens.

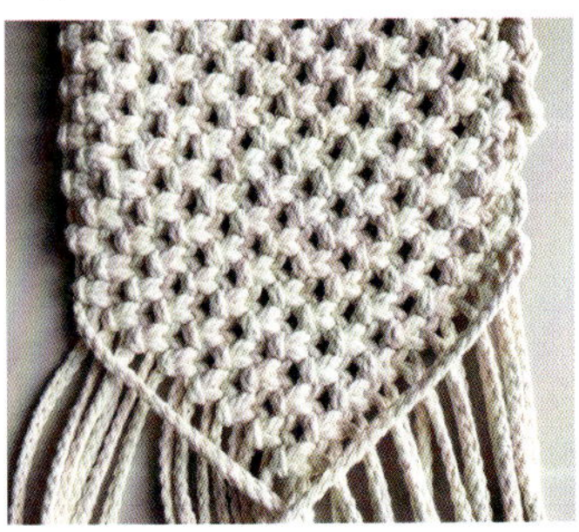

Wiederhole diesen Schritt mit dem rechten äußersten Strang. Verbinde die beiden Reihen mit 1 Rippenknoten.

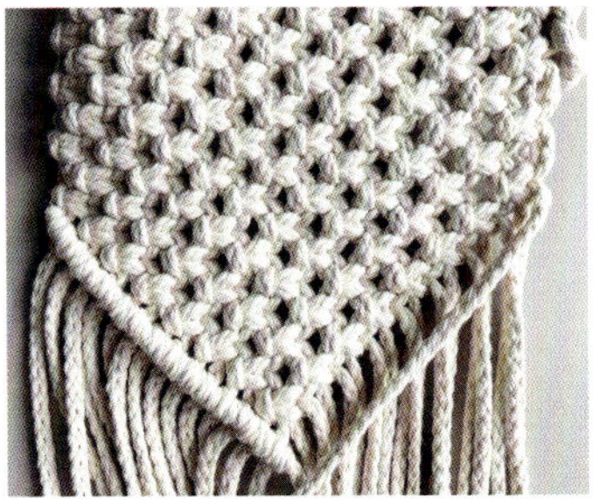

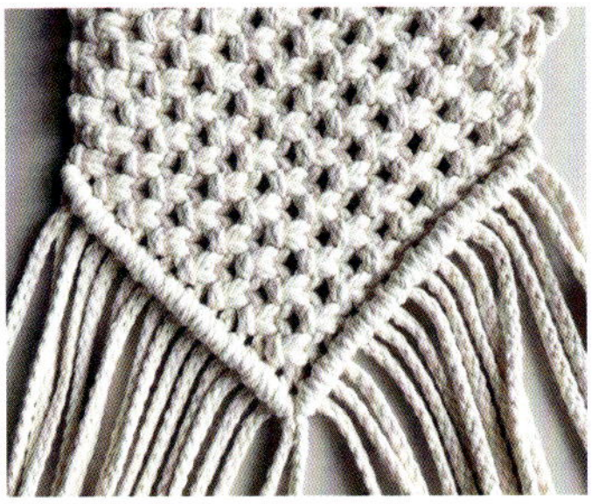

9 Knüpfe unmittelbar an die Rippenknoten 1 Reihe Kreuzknoten. Auf beiden Seiten entstehen dadurch 4 Kreuzknoten.

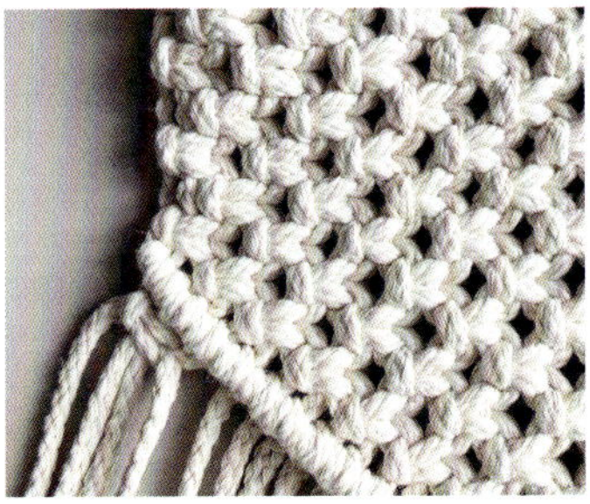

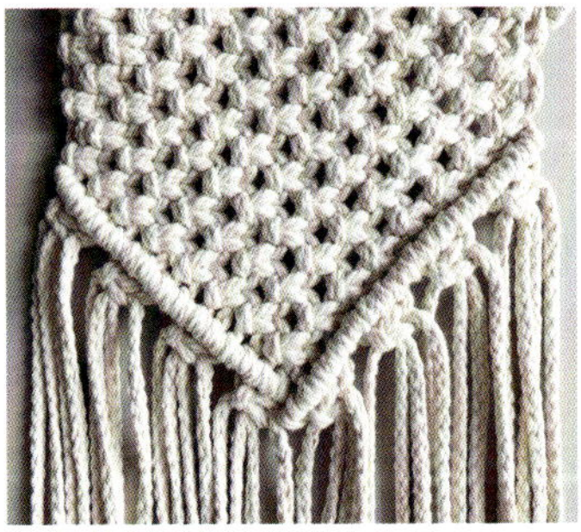

10 Es folgt 1 weitere Reihe Rippenknoten, siehe Schritt 8.

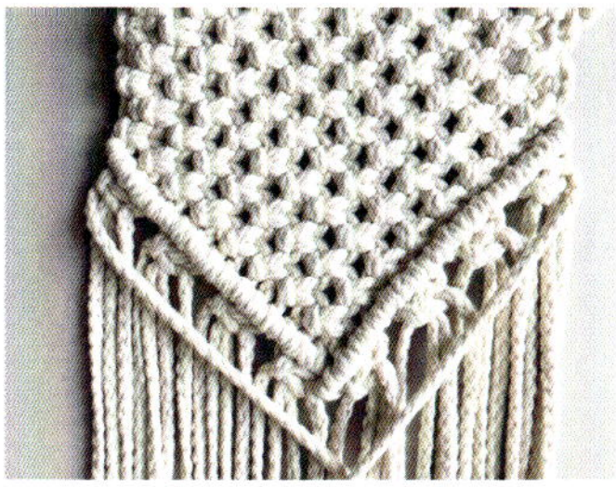

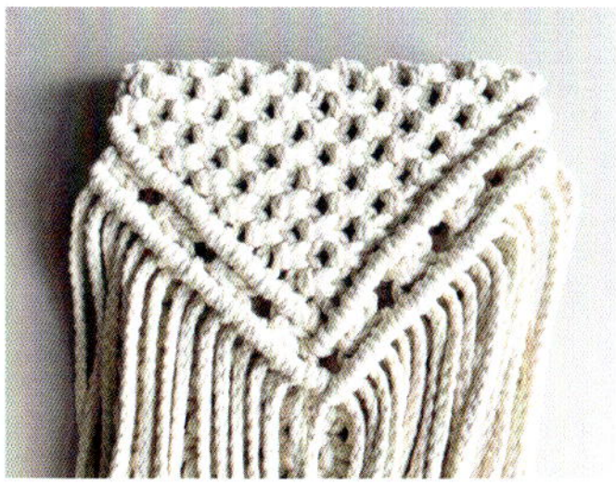

Nun kannst du die Enden gleichmäßig abschneiden.

11 Für die Riemen ziehst du 3 Baumwollfäden zwischen den 1. und 3. Kreuzknoten auf der Rückseite.

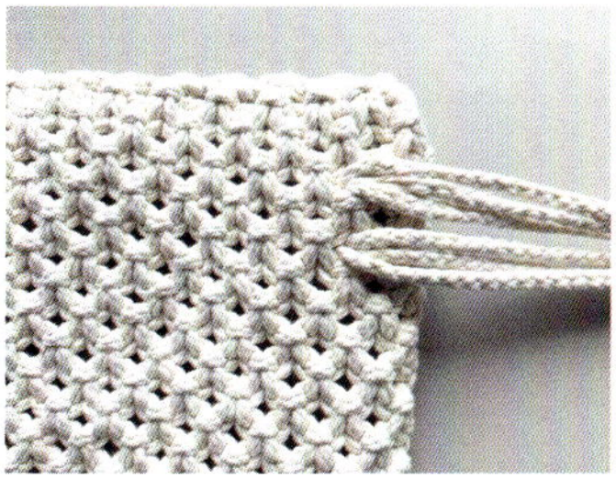

12 Nimm je 2 Fäden zusammen und flechte aus 3 Strängen 1 Riemen. Passe die Länge individuell an, dabei sollten mindestens 10 cm der Enden übrigbleiben.

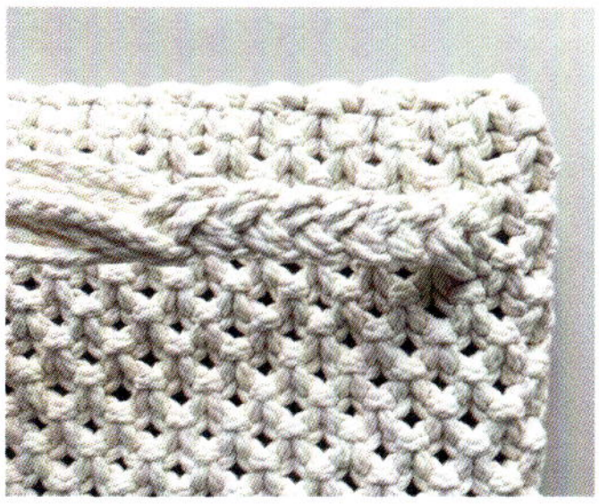

13 Ziehe die Enden durch die 6. komplette Reihe Kreuzknoten von oben. Ebenfalls zwischen den 1. und 3. Kreuzknoten.

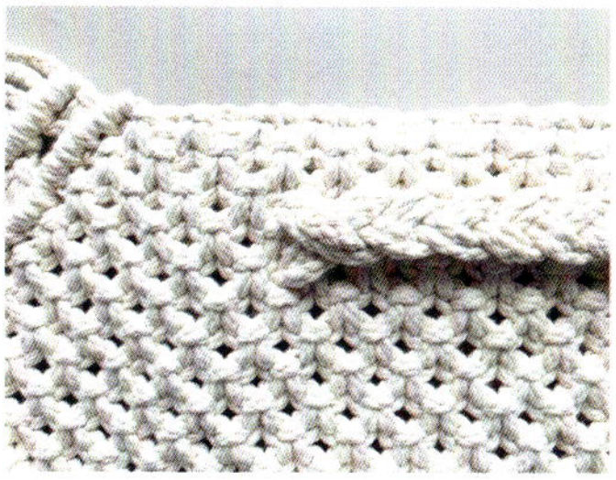

14 Nun werden die Enden mit einfachen Doppelknoten auf der Innenseite befestigt. Schneide das übrige Garn ab und versiegle die Knoten mit Textilkleber.

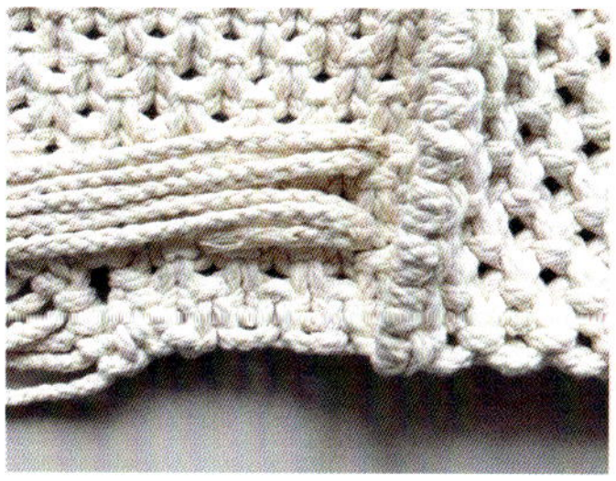

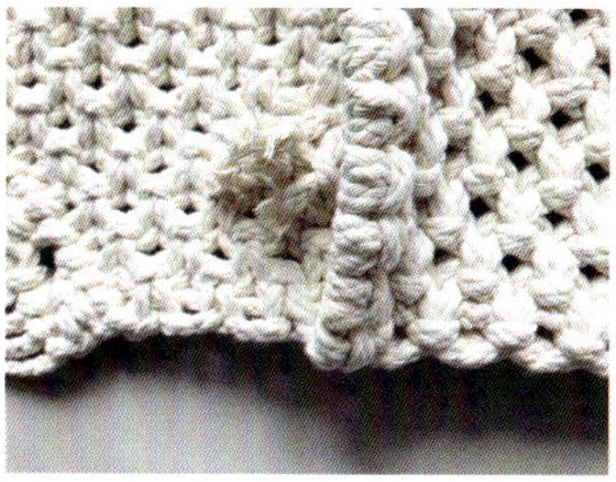

15 Wiederhole die Schritte 12–14 auf der anderen Seite.

Mein Tipp für dich

Kämme die Fransen des Rucksacks aus und fixiere sie mit Haarspray, dadurch wird der Rucksack zum echten Boho-Hingucker.

Strandtasche mit Borte

Fürs Urlaubs-Feeling

MOTIVGRÖSSE
29 cm breit, 10 cm hoch

MATERIAL

- 40 Baumwollfäden in Natur, gezwirnt, ø 3 mm, 60 cm lang
- 1 Baumwollfaden in Natur, gezwirnt, ø 3 mm, 35 cm lang
- Schere
- Textilkleber
- Tasche

Mein Tipp für dich

Holzperlen oder Muscheln machen sich zwischen den Wimpeln auch wunderbar, dies verleiht der Tasche noch mehr Strand-Feeling.

1 Für einen Wimpel benötigst du 10 Baumwollfäden. Diese befestigst du mit 1 Ankerknoten an dem 35 cm langen Garn.

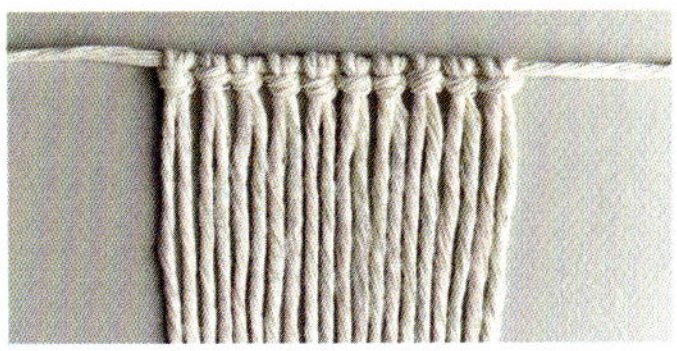

2 Knüpfe insgesamt 5 Kreuzknoten nebeneinander.

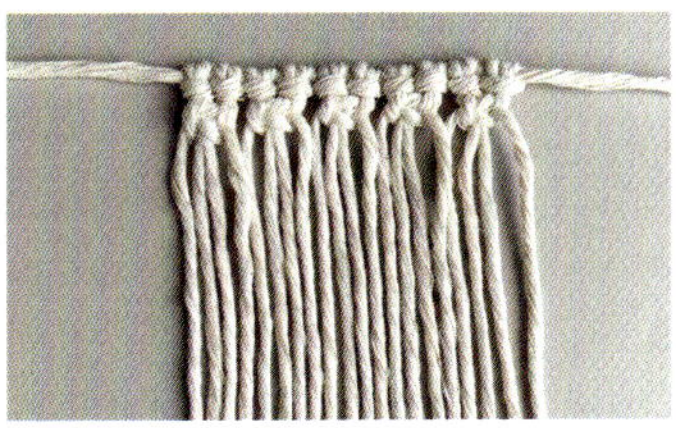

3 Nimm nun jede Reihe links und rechts 1 Kreuzknoten ab, sodass die Kreuzknoten spitz zulaufen.

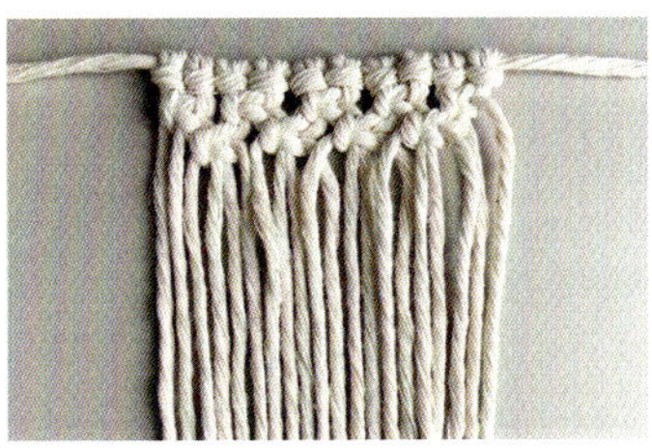

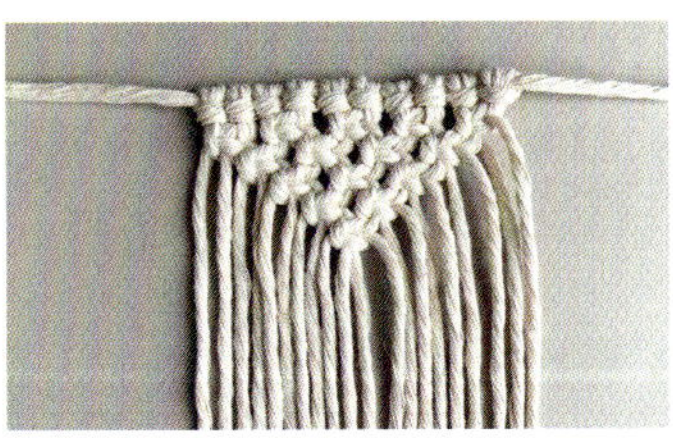

4 Anschließend nimmst du die äußeren Fäden der 1. Reihe und knüpfst schräg mit allen Baumwollfäden Rippenknoten. Schließe auch die Mitte mit 1 Rippenknoten.

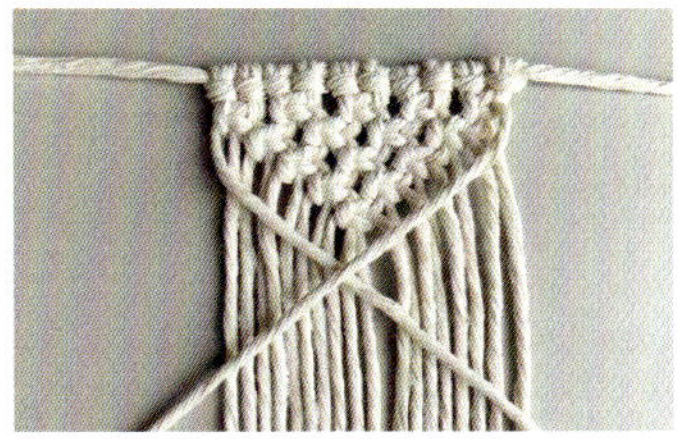

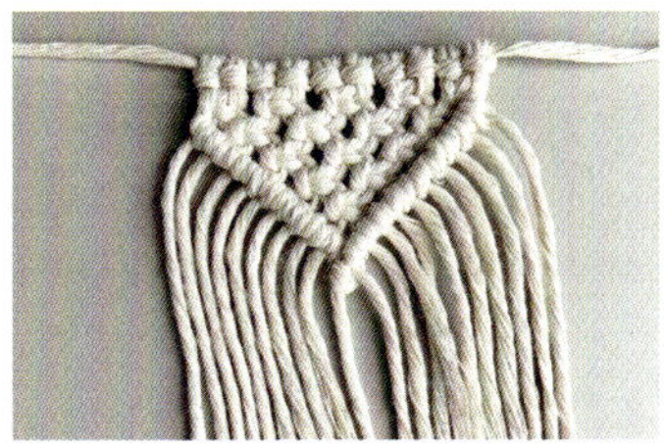

5 Knüpfe erneut 1 weitere Reihe Rippenknoten mit den äußeren Fäden.

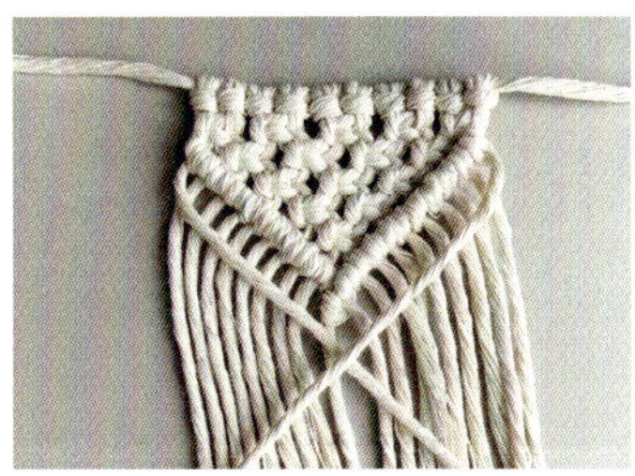

6 Schneide die Enden schräg zu und kämme sie aus.

7 Wiederhole die Schritte, bis du insgesamt 4 Wimpel geknüpft hast, und klebe sie mit Textilkleber an die Tasche.

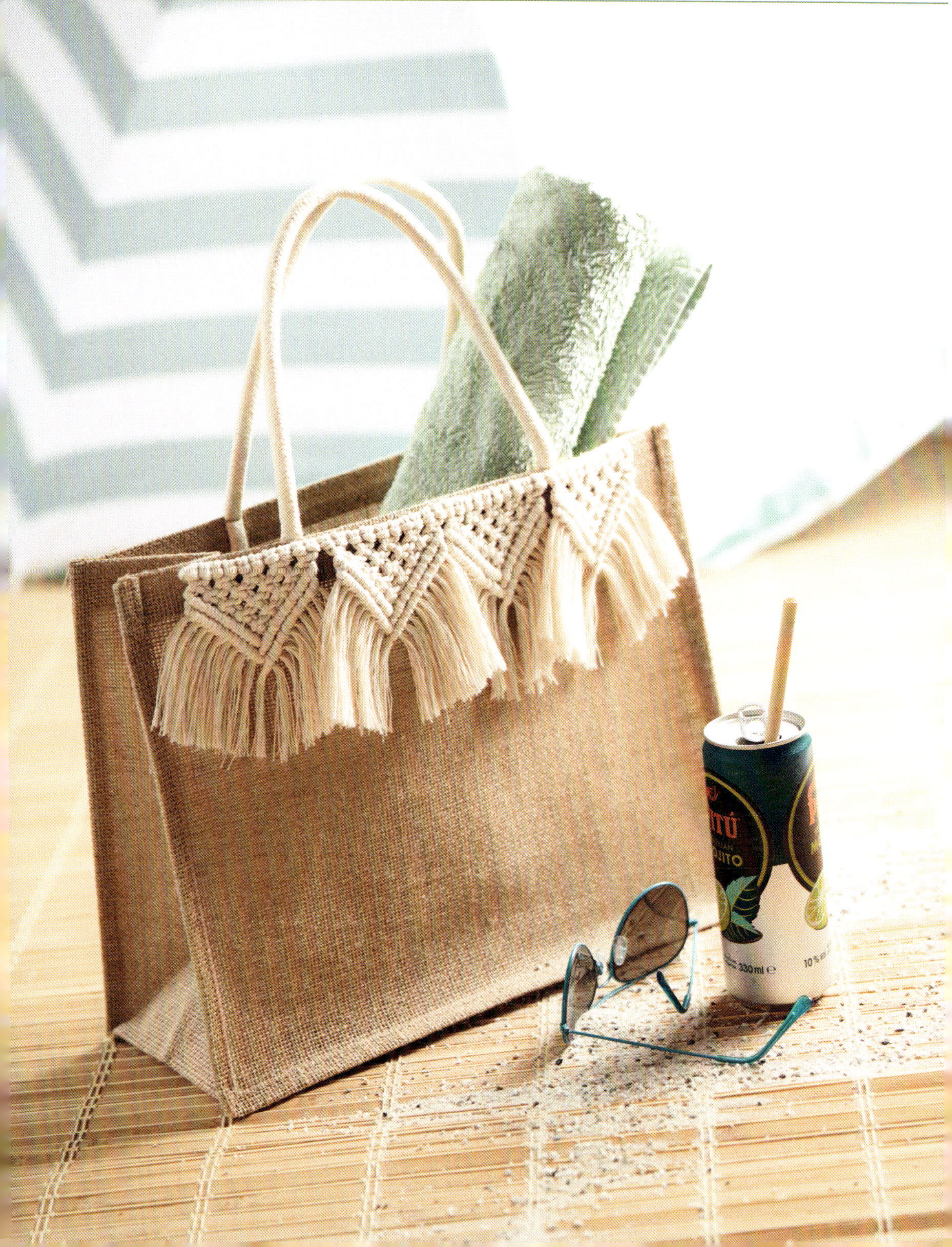
330 ml

Jutebeutel Cover-Up

Alles Jute

MOTIVGRÖSSE
37 cm breit, 42 cm lang

MATERIAL
- 8 Baumwollfäden in Natur, gezwirnt, ø 3 mm, 2,5 m lang
- 2 Baumwollfäden in Natur, gezwirnt, ø 3 mm, 4 m lang
- 38 Baumwollfäden in Natur, gezwirnt, ø 3 mm, 30 cm lang
- Jutebeutel
- Schere
- Textilkleber

1 Befestige 4 der Baumwollfäden mit einem Ankerknoten an einem der 4 m langen Garnstränge.

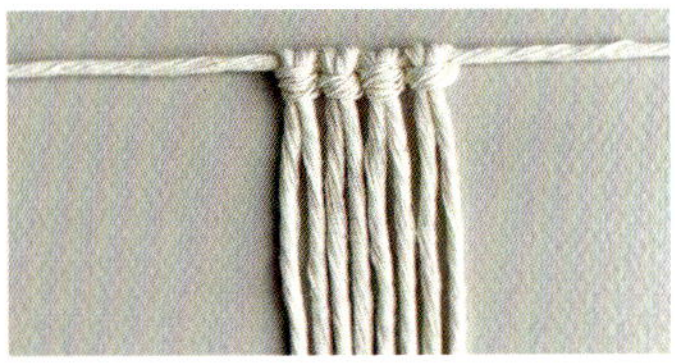

2 Für den ersten „Diamanten" knotest du links und rechts je 4 schräge Rippenknoten. Die mittleren Fäden sind dabei die Trägerfäden.

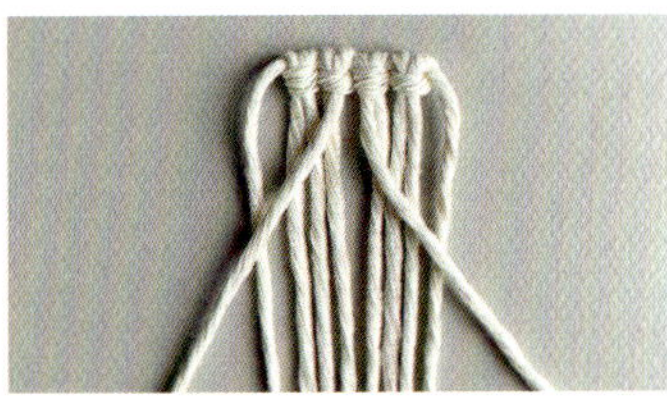

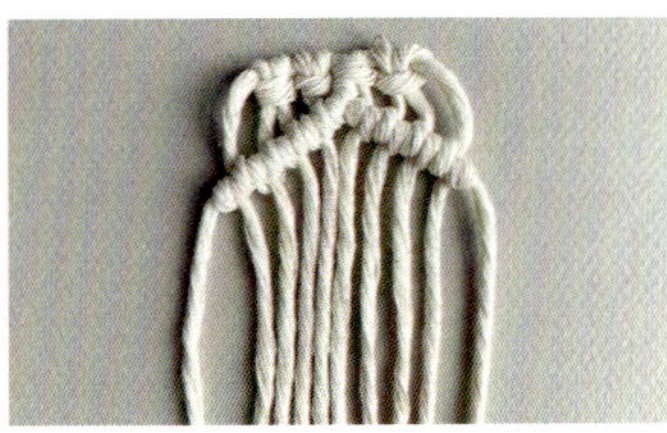

3 Die Mitte schließt du mit 1 Kreuzknoten.

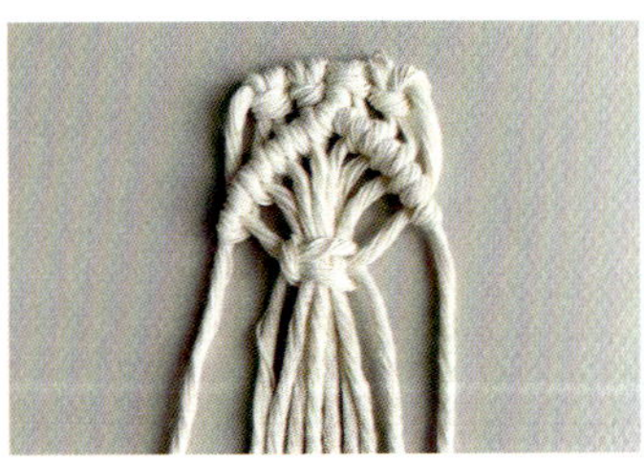

4 Nun werden erneut auf beiden Seiten je 4 Rippenknoten zur Mitte geknüpft. Schließe die Mitte mit 1 weiteren Rippenknoten ab.

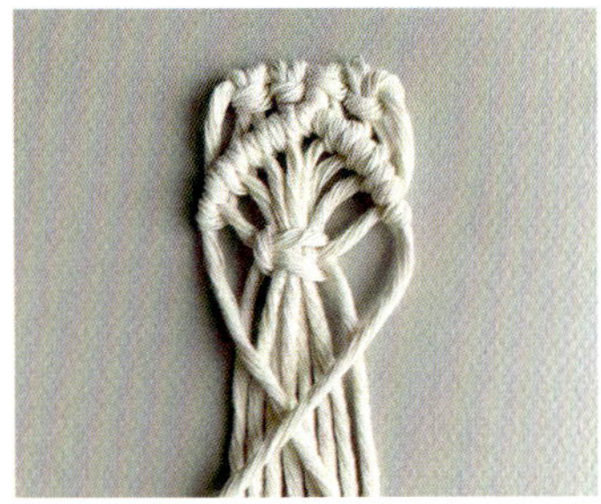

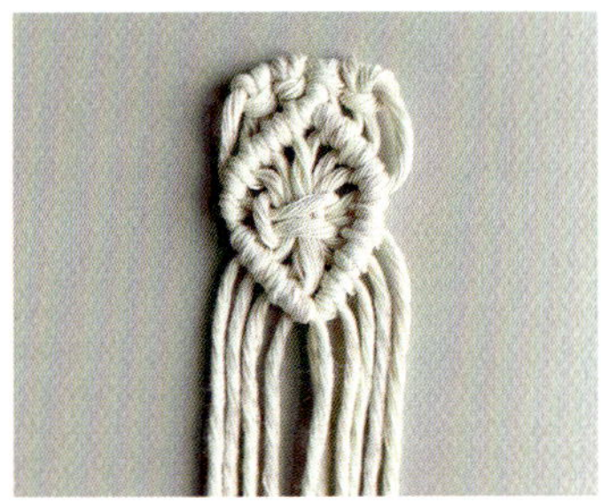

5 Knüpfe insgesamt 6 „Diamanten". Wiederhole diese Schritte mit den weiteren 5 Baumwollfäden.

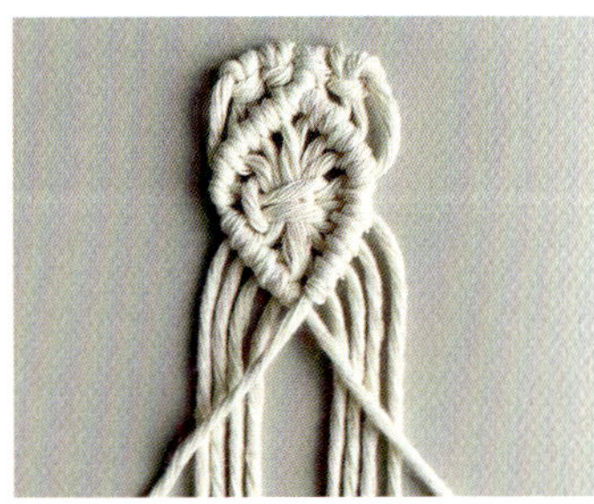

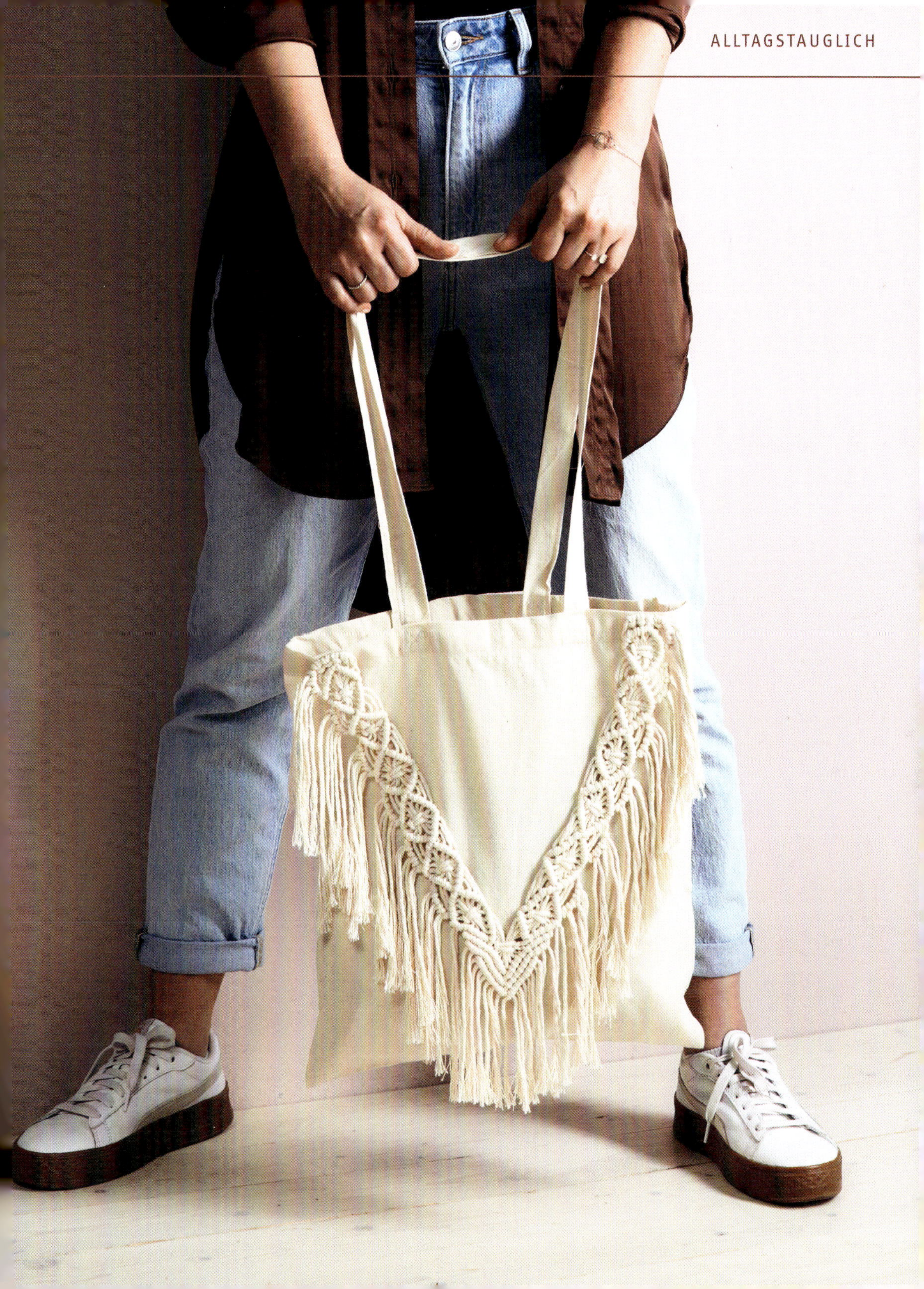

6 Verbinde beide Seiten mit 1 Kreuzknoten.

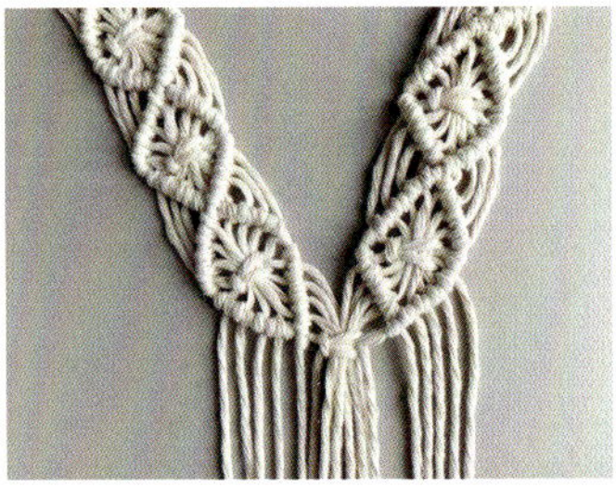

7 Nun folgt mit den äußeren Fäden bis zur Mitte 1 Reihe Rippenknoten auf beiden Seiten.

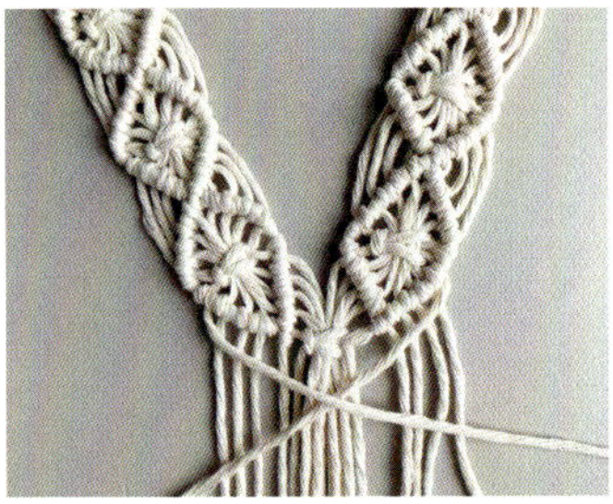

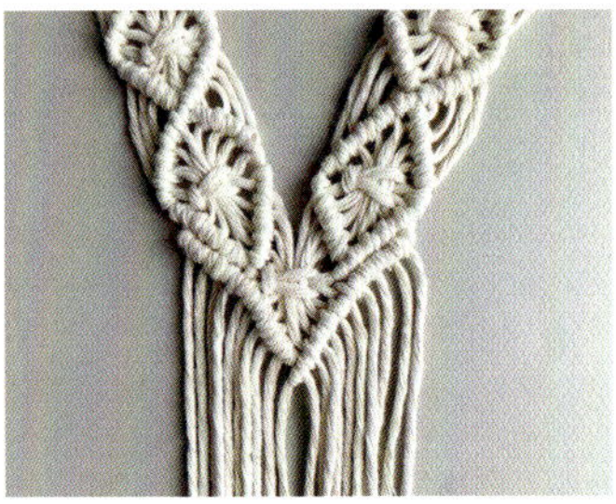

8 Knüpfe erneut mit den äußeren Fäden 1 weitere Reihe Rippenknoten.

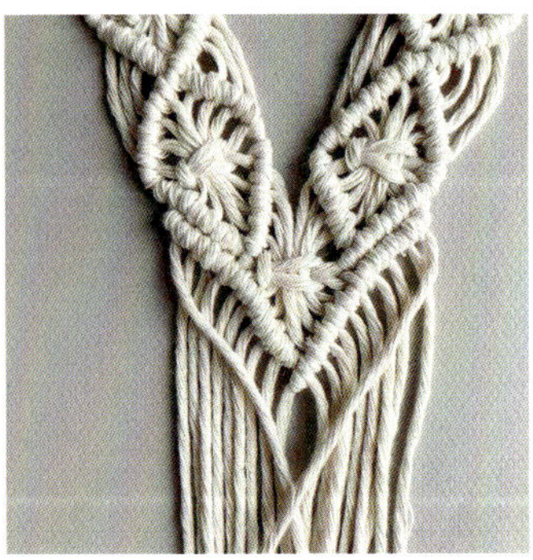

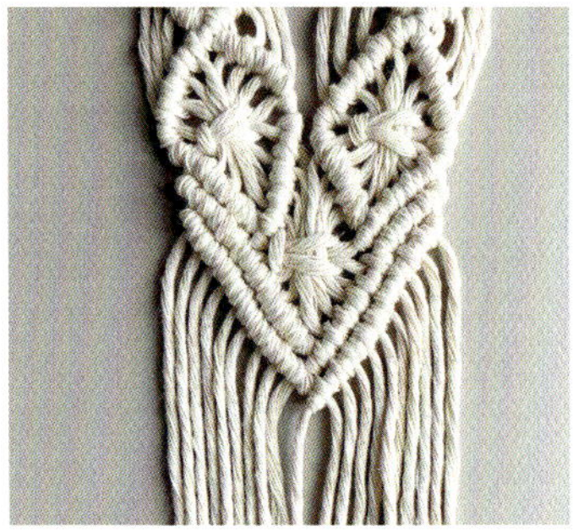

9 Nimm den 2. äußeren Faden und knüpfe ebenfalls 1 Reihe Rippenknoten. Wiederhole diesen Schritt auch auf der rechten Seite.

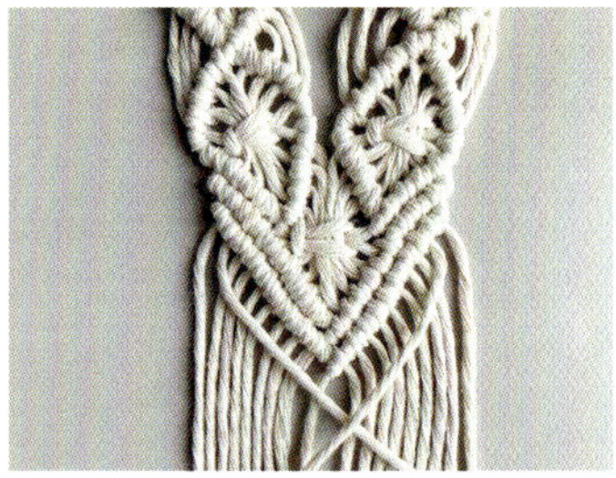

10 Nun befestigst du zwischen jedem „Diamanten" 3 Baumwollfäden anhand des von hinten geknoteten Ankerknotens.

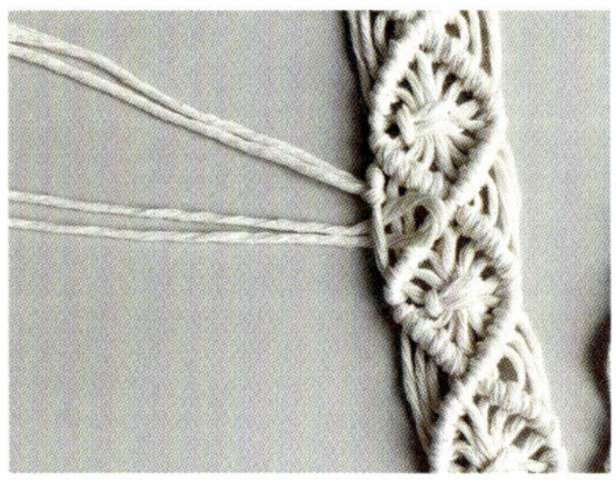

11 Schneide die Enden beliebig ab und klebe das Makramee auf den Jutebeutel.

Mein Tipp für dich

Der Jutebeutel wird auch mit farbigem Garn ein besonderer Hingucker.

Taschengurt aus Diamanten

Verspielt verknüpft

MOTIVGRÖSSE
60 cm breit

MATERIAL
- 3 Baumwollfäden in Natur, geflochten, ø 3 mm, 9 m lang
- 2 Baumwollfäden in Natur, geflochten, ø 3 mm, 40 cm lang
- Schere
- Textilkleber
- 2 Karabiner

1 Befestige die langen Baumwollfäden anhand des Ankerknotens an 1 Karabiner.

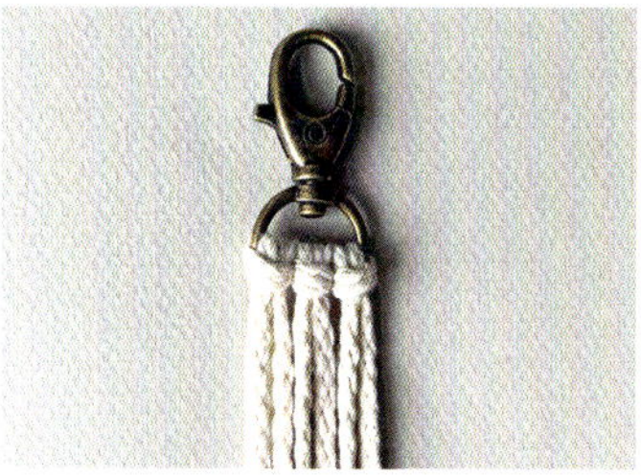

2 Knote mit dem 40 cm langen Garn 1 Wickelknoten direkt hinter den Karabiner.

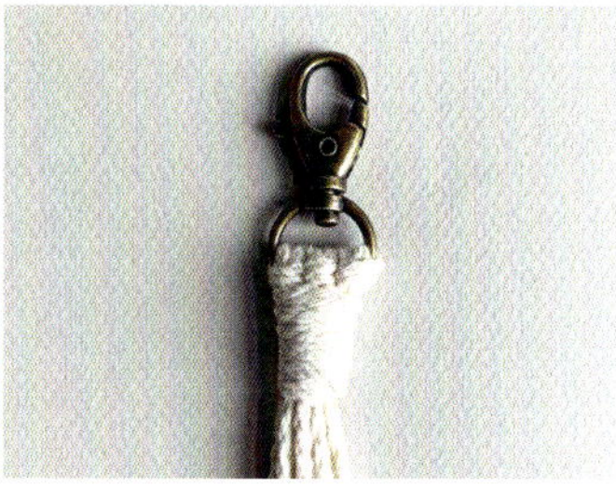

3 Anschließend werden „Diamanten“ geknotet. Nimm hierfür die mittleren Fäden und knote auf beiden Seiten schräg nach unten je 2 Rippenknoten.

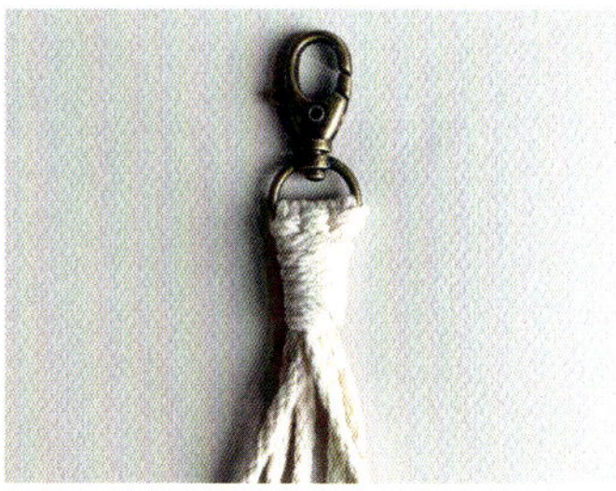

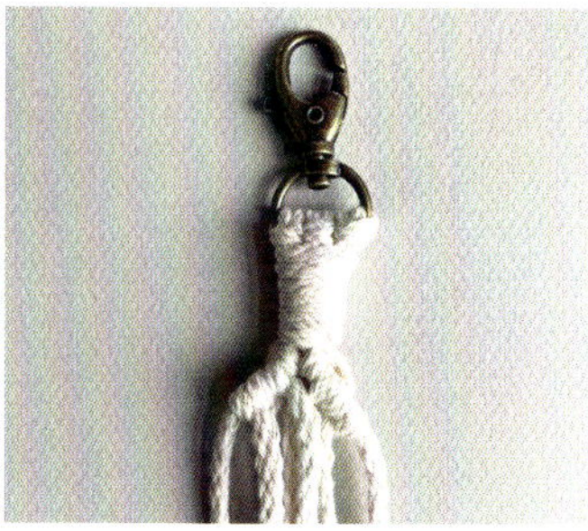

4 Zwischen die Rippenknoten knüpfst du 1 Kreuzknoten.

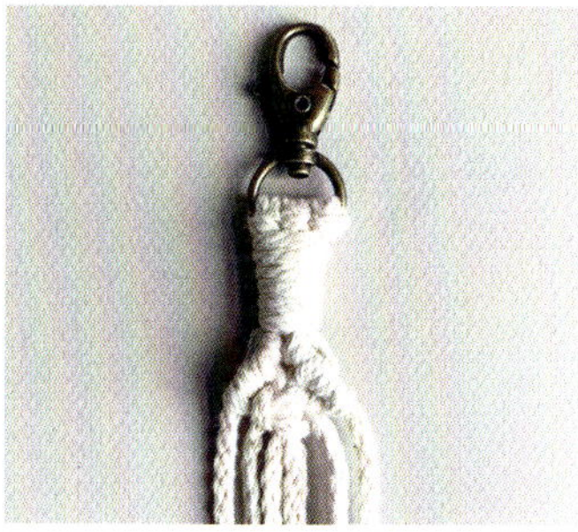

5 Nun folgen erneut 2 Rippenknoten auf jeder Seite. Schließe die Mitte mit 1 Rippenknoten ab. Wiederhole diese Schritte, bis du insgesamt eine Länge von 55 cm erreicht hast.

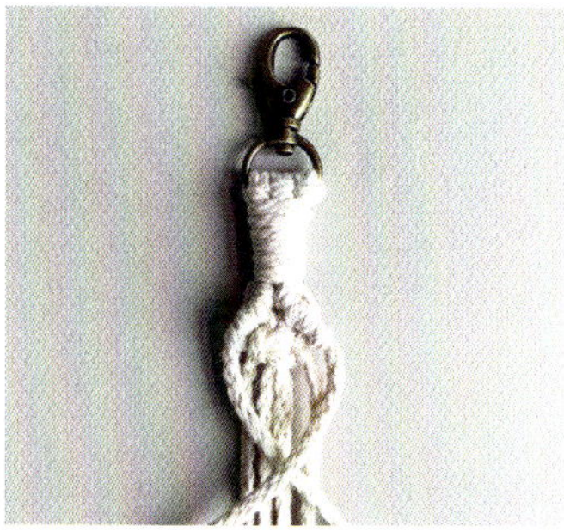

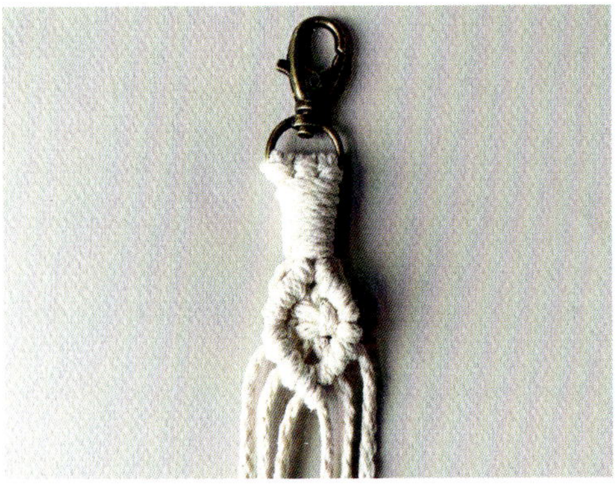

6 Ziehe die Enden der Fäden durch den anderen Karabiner und trage den Kleber mit kleinem Abstand hinter den letzten Knoten auf.

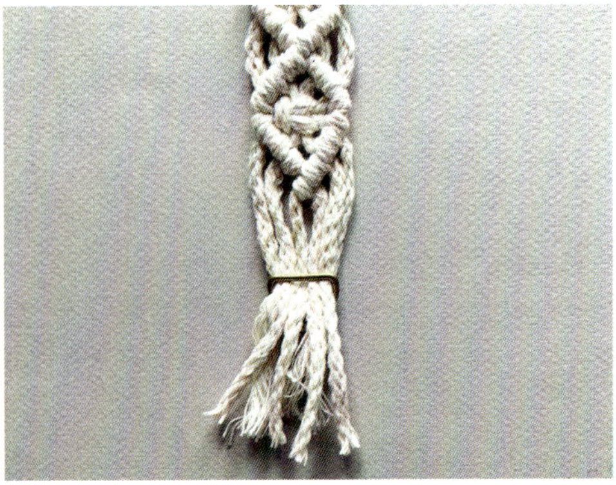

7 Drücke die Fadenenden auf den Kleber und schließe die Lücke mit 1 Wickelknoten.

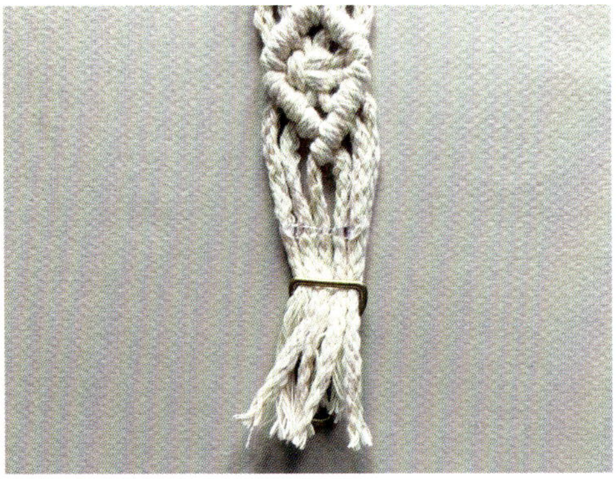

Mein Tipp für dich

Anstatt Kreuzknoten kannst du auch in der Mitte der „Diamanten“ Holzperlen auffädeln und anschließend mit den Rippenknoten befestigen.

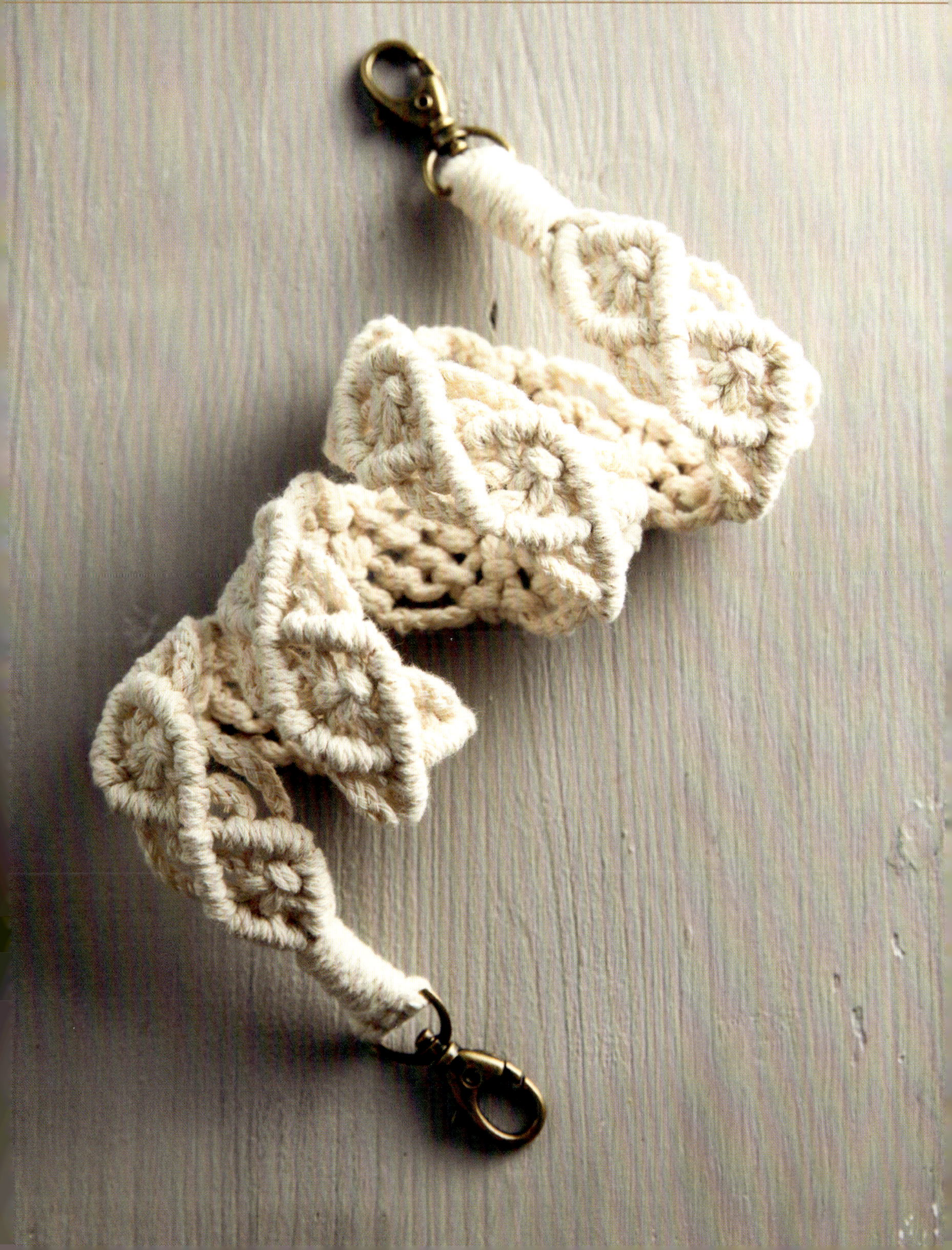

Taschengurt geflochten

Klassisch schön

MOTIVGRÖSSE
1,28 m breit

MATERIAL

- 3 Baumwollfäden in Natur, geflochten, ø 3 mm, 3 m lang
- 2 Baumwollfäden in Natur, geflochten, ø 3 mm, 40 cm lang
- Schere
- Textilkleber
- 2 Karabiner

1 Befestige die langen Baumwollfäden anhand des Ankerknotens an 1 der Karabiner.

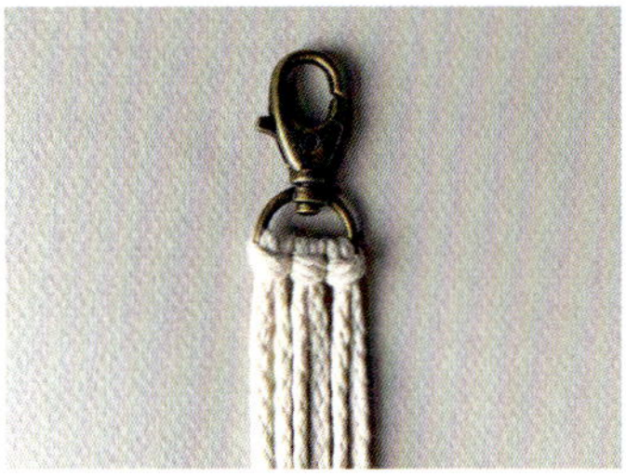

2 Knote 1 Wickelknoten direkt hinter den Karabiner.

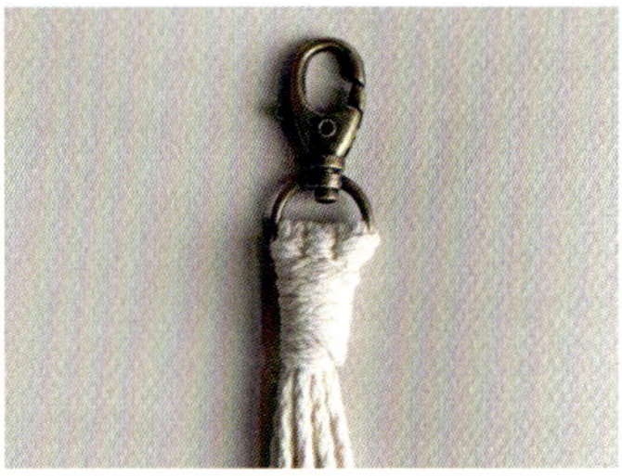

3 Anschließend nimmst du je 2 Fäden zusammen und flechtest mit 3 Strängen insgesamt eine Länge von 1,22 m.

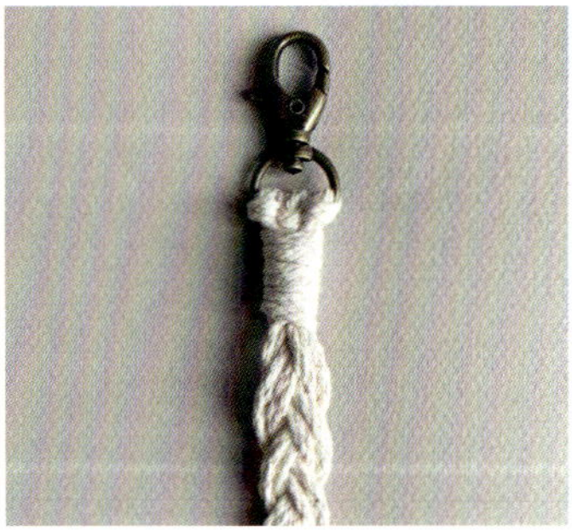

4 Ziehe die Enden der Fäden durch den anderen Karabiner und trage den Kleber hinter dem Geflochtenen auf.

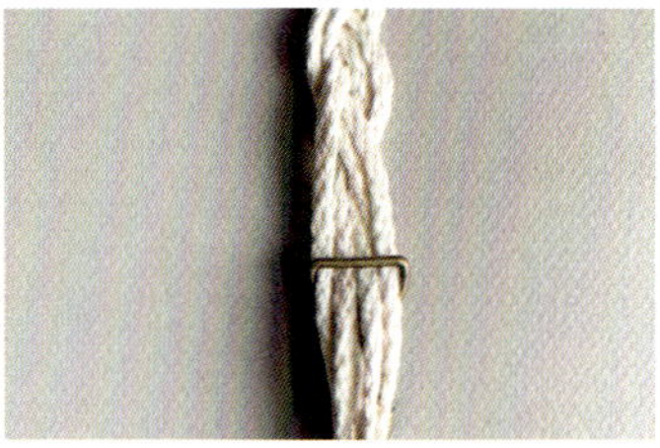

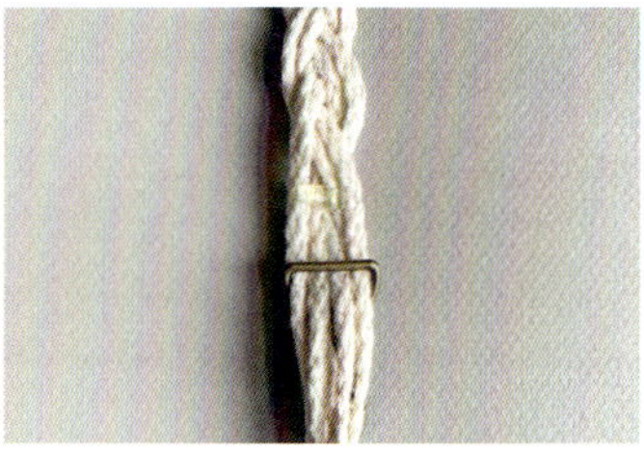

5 Drücke die Fadenenden auf den Kleber und schließe die Lücke mit einem Wickelknoten.

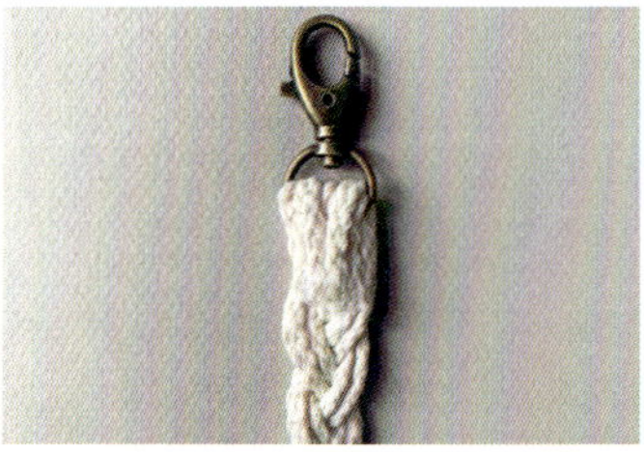

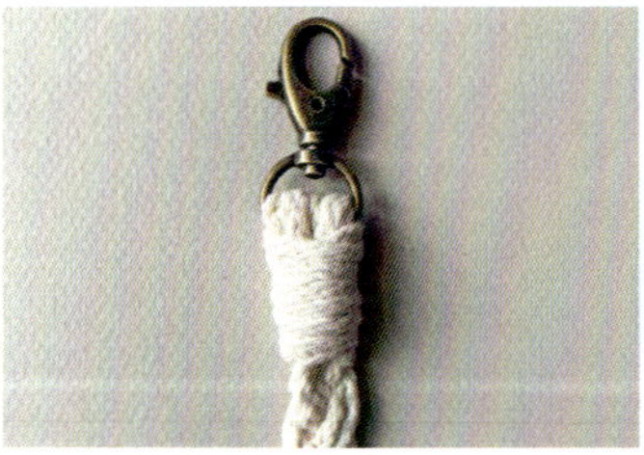

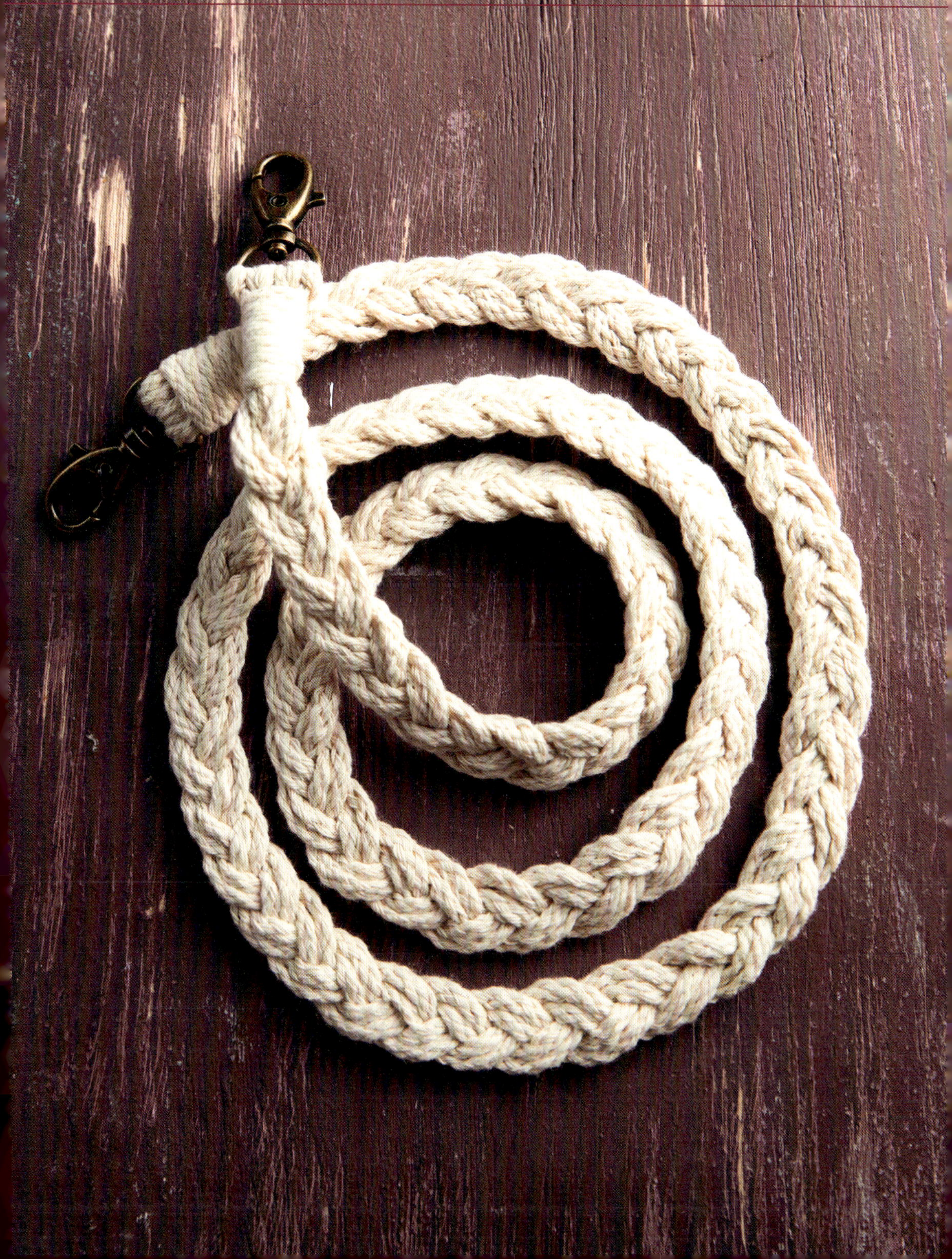

Taschengurt aus Kreuzknoten

Passt immer

MOTIVGRÖSSE
1,10 m breit

MATERIAL

- 2 Baumwollfäden in Natur, geflochten, ø 3 mm, 6 m lang
- 2 Baumwollfäden in Natur, geflochten, ø 3 mm, 40 cm lang
- Schere
- Textilkleber
- 2 Karabiner

1 Befestige die langen Baumwollfäden anhand des Ankerknotens an 1 Karabiner. Achte dabei darauf, dass die Innenlänge der Fäden 1,4 m lang ist.

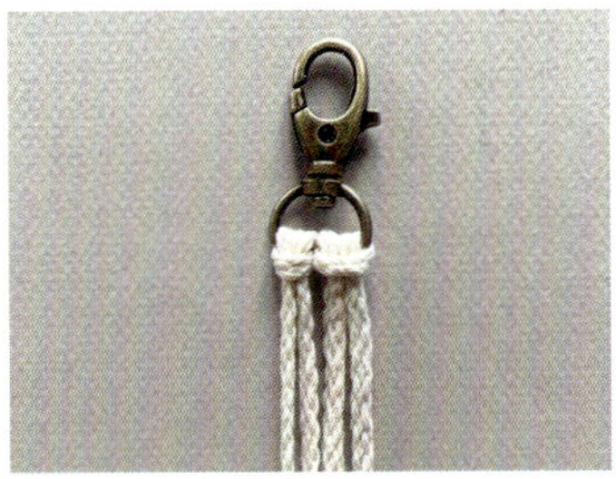

2 Knote 1 Wickelknoten direkt hinter den Karabiner.

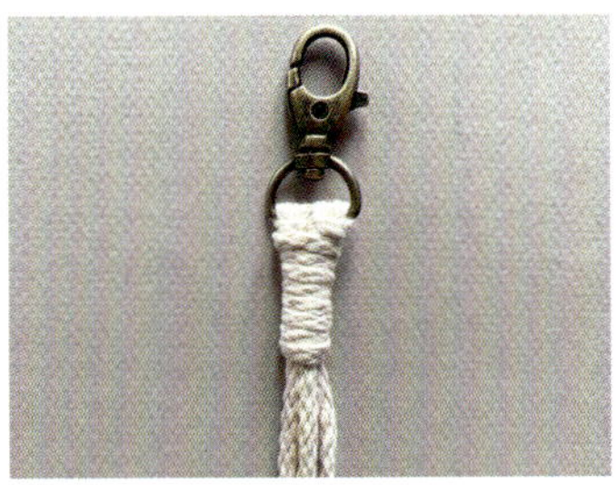

3 Anschließend knüpfst du untereinander Kreuzknoten mit einer Länge von insgesamt 1,05 m.

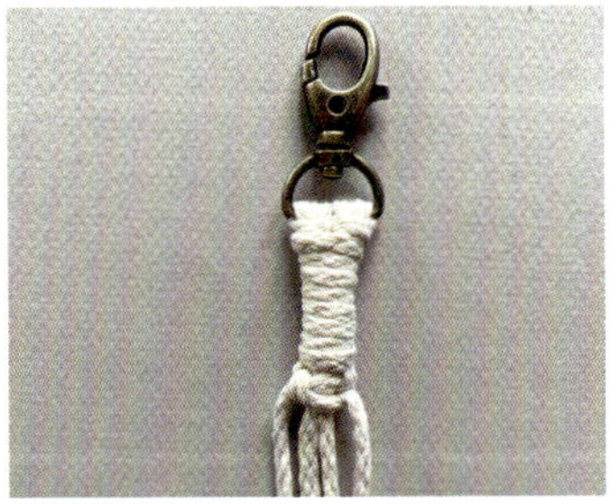

4 Ziehe die Enden der Fäden durch den 2. Karabiner und trage den Kleber in unmittelbarer Nähe hinter dem Kreuzknoten auf.

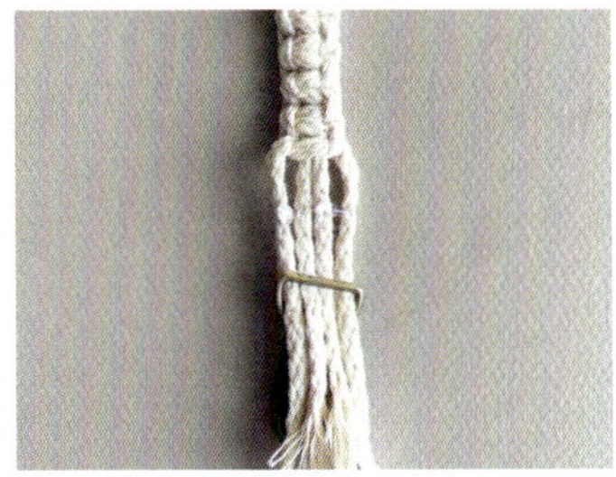

5 Drücke die Fäden auf dem Kleber fest und schließe die Lücke mit 1 Wickelknoten.

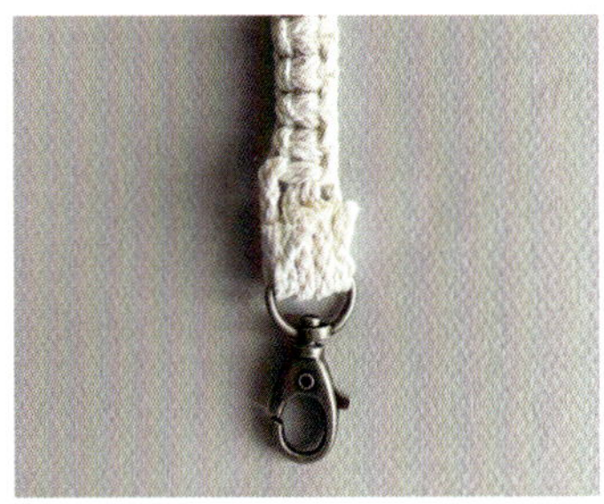

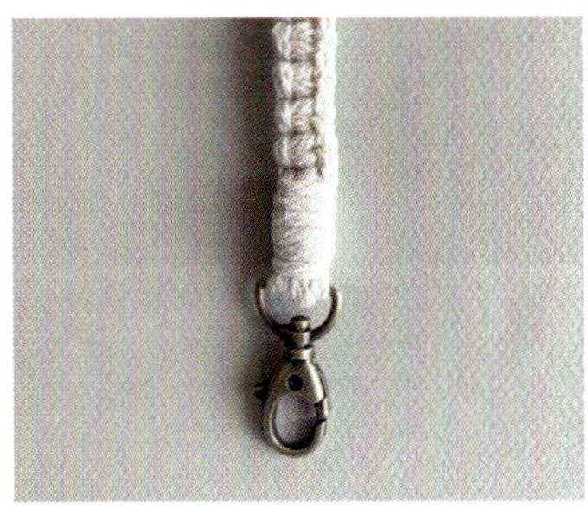

Mein Tipp für dich

Setzte farbliche Akzente, indem du die Wickelknoten mit farbigem Garn befestigst.

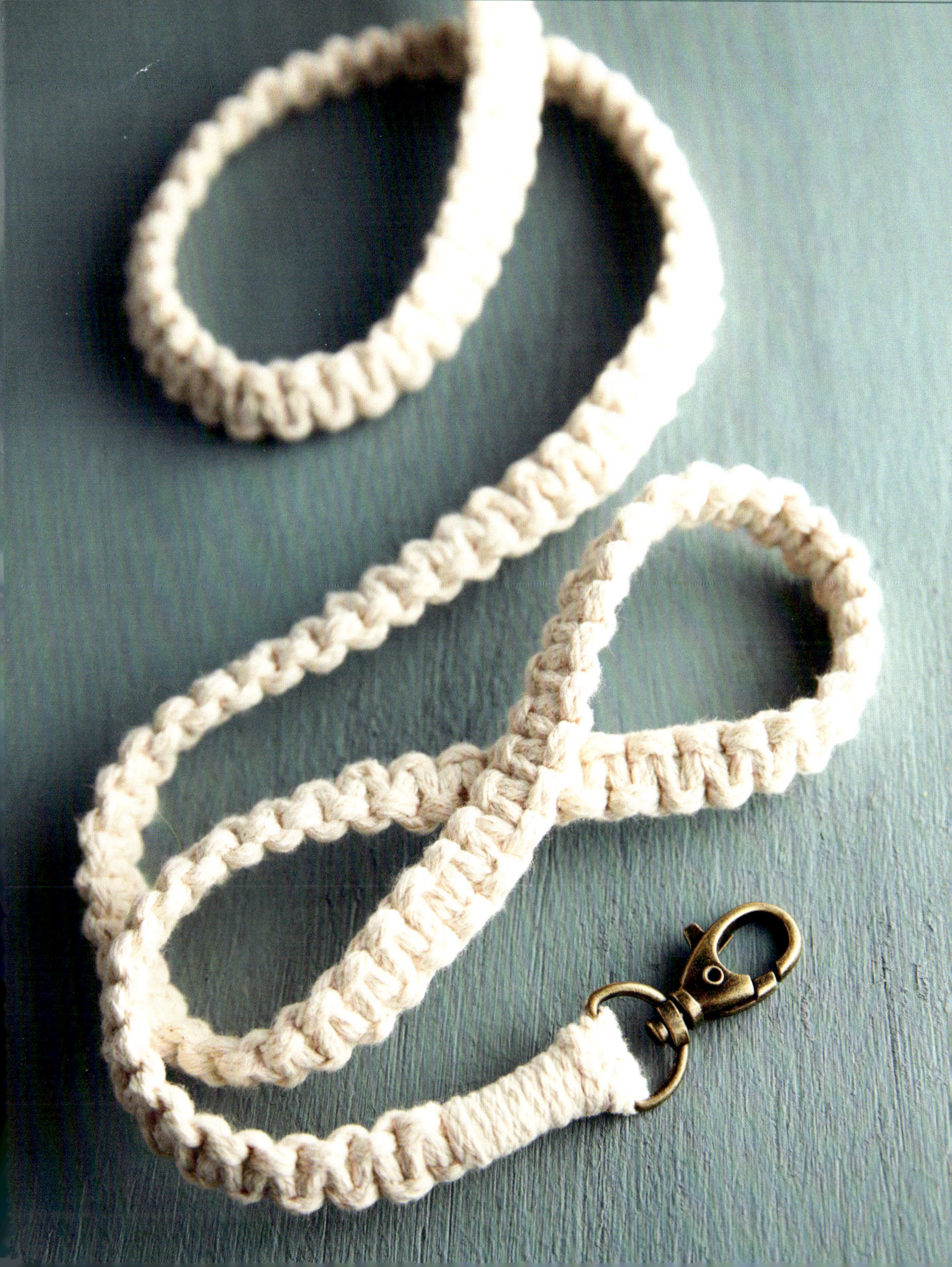

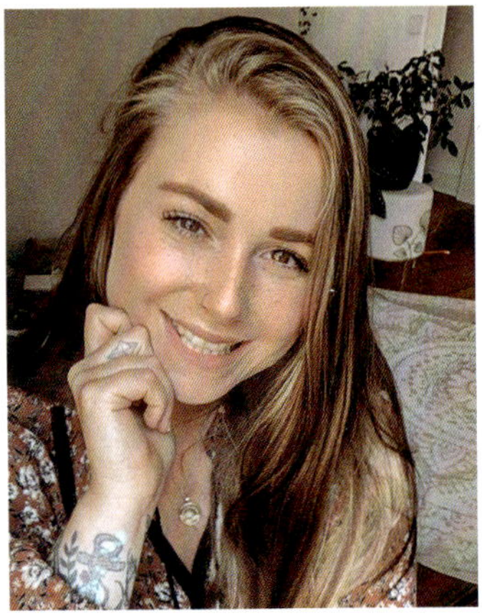

Becky Haslbeck – Die unterschiedlichsten Handarbeitstechniken begeistern mich schon seit frühester Kindheit. Schon seit Jahren beschäftige ich mich mit verschiedensten Knüpf- und Knotentechniken. Die größte Freude empfinde ich dabei, mein Gelerntes bei Workshops an Kinder und Erwachsene weiterzugeben. Dies kann ich wunderbar mit meiner Arbeit als Erzieherin an einer Grundschule verknüpfen. Zu meinen großen Leidenschaften gehören Makramee- und Trockenblumenarbeiten. Sowohl auf Pinterest, meinem Etsy-Shop HazelandBeck als auch auf meinem Instagram-Account @ by.HazelandBeck präsentiere ich meine immer wieder neuen Ideen und Kreationen.
Ich freue mich auf Dein Feedback ☺.

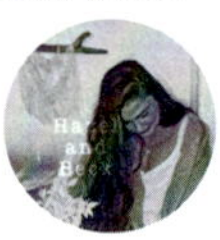

DANKSAGUNG

Ich möchte mich ganz herzlich bei der Firma Seilwerk Paul Dittus GmbH (www.Pferdeseile.de, @makramee_madeingermany) für das wunderbare Garn bedanken. Ebenso bei den Firmen buttinette und VBS für die freundliche Bereitstellung der vielen Materialien.

TOPP – Unsere Servicegarantie

WIR SIND FÜR DICH DA! Bei Fragen zu unserem umfangreichen Programm oder Anregungen freuen wir uns über deinen Anruf oder deine Post. Lobe uns, aber scheue dich auch nicht, deine Kritik mitzuteilen – sie hilft uns, ständig besser zu werden.

Bei Fragen zu einzelnen Materialien oder Techniken wende dich bitte an unseren Kreativservice, Frau Erika Noll.

mail@kreativ-service.info
Telefon 0711 / 123 757 20

Das Produktmanagement erreichst du unter:

pm@frechverlag.de
oder:
frechverlag
Produktmanagement
Dieselstraße 5
70839 Gerlingen
Telefon 07 11 / 8 30 86 68

LERNE UNS BESSER KENNEN! Frage deinen Hobbyfach- oder Buchhändler nach unserem kostenlosen Magazin **Meine kreative Welt**. Darin entdeckst du zweimal im Jahr die neuesten Kreativtrends und interessantesten Buchneuheiten.

Oder besuche uns im Internet! Unter **www.topp-kreativ.de** kannst du dich über unser umfangreiches Buchprogramm informieren, unsere Autoren kennenlernen sowie aktuelle Highlights und neue Kreativtechniken entdecken, kurz – die ganze Welt der Kreativität.

Kreativ immer up to date bist du mit unserem monatlichen **Newsletter** mit den aktuellsten News aus dem frechverlag, Gratis-Bastelanleitungen und attraktiven Gewinnspielen.

IMPRESSUM

MODELLE: frechverlag GmbH, 70499 Stuttgart; lichtpunkt, Michael Ruder, Stuttgart; Rebecca Haslbeck (alle Arbeitsschrittfotos)
PRODUKTMANAGEMENT u. LEKTORAT: Eva Schrecklinger
Herstellung: Konstanze Laue
Covergestaltung: Melanie Herrmann
GESTALTUNG: Fotosatz H. Buck
Druck: POLYGRAF PRINT spol. s r.o.

MIX
Aus verantwortungsvollen Quellen
FSC® C023577

Penguin Random House Verlagsgruppe
FSC® N001967

1. Auflage 2022

ISBN 978-3-7358-5026-3 • Best.-Nr. 25026